盜賊史觀下的中國

從劉邦、朱元璋到毛澤東的盜賊皇帝史

中国の大盗賊

高島俊男 ㊟著
張佑如 譯

目次

序

中國古代有「盜賊」。一直都有，到處都有。

與日本的盜賊稍有不同的是，中國的「盜賊」總是成群結夥，集體以武力攻擊農村和城市，掠奪糧食、財物或女人。

那些在偏僻地區偷偷摸摸作亂的盜賊，官府通常會覺得要勞師動眾去打壓太麻煩，就睜一隻眼閉一隻眼，放任他們作亂。但等到他們坐大，有能力占領一座城市的時候，問題就變得非常棘手了。

規模更大些的盜賊集團，占領一個相當於日本好幾個縣加在一起那麼大面積的地區，在中國歷史上並不罕見。然後，以奪取國都、奪得天下為目標的大盜賊，最後實際拿到天下的例子也不少。

不過，盜賊並非中國所特有。英文叫作「bandit」。過去在歐洲、中南美洲以及東南亞等地也有很多盜賊，其中地中海西西里島等地尤以盜賊出沒而知名。

民眾遭到盜賊侵犯當然恨得咬牙切齒，但卻又喜歡盜賊的故事。這就好像日本的民眾都不喜歡黑幫，卻都愛聽國定忠治[1]或清水次郎長[2]的故事一樣。

民眾口中的盜賊，多半勇敢而重「義氣」、正直而有男子氣概。中國的《水滸傳》和英國的《羅賓漢的故事》等，就是集民間盜賊傳說故事之大成。不過，真正的盜賊，卻並不是像故事裡那般溫文可親。

曾經有位中國學者說過，中國歷史上的兩大勢力是「紳士」和「流氓」。紳士是知識分子，他們或成為官僚或成為政治家，構成統治階級。流氓則是社會上遊手好閒、無所事事的人，聚眾結黨成為盜賊。中國的歷史，就是紳士和盜賊之間對抗、合作，或者一方迫使另外一方臣服的歷史。

本書將從探討盜賊的起源等說起，然後再分別談談幾個在中國歷史上特別著名的大盜賊領袖。

如果讀者們看完本書以後，能覺得從盜賊的一方來看歷史也是很有趣的，那就是本人的榮幸了。

高島俊男

1【編注】：國定忠治（1810-1851），日本江戶時代後期的俠客。

2【編注】：清水次郎長（1820-1893），日本江戶時代後期的俠客。

序章——何謂「盜賊」？

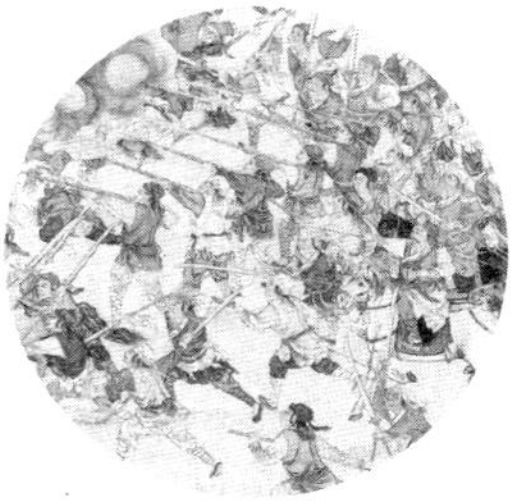

「山東建國自治軍」

從前有一個美國商人名叫卡爾·克勞（Carl Crow）。他從一九一一年到一九三六年，也就是從辛亥革命那一年起，到盧溝橋事變爆發前夕為止，有二十五年的時間住在中國。他是做廣告生意的，也就是替希望向中國推銷商品——大自汽車，小到肥皂、牙膏之類小雜貨——的歐美企業做宣傳廣告，用現在的說法，這個人就是個做公關的。

藉由生意上的往來很容易可以知道一個國家的狀況。克勞在中國做生意吃了不少苦頭，但拜此之賜，他得知了中國人和歐美人不同的習慣和想法。所以，回國之後，他就開始撰寫向美國人介紹中國的書。

他最初寫的一本書叫作《四萬萬顧客》（*Four Hundred Million Customers*，一九三七）。四萬萬是當時中國的總人口數。現下中國的總人口數據稱是十二億還是十三億，當時據說是四億。那個時代沒有統計之類的工具，所以這個數字到底正不正確誰也說不準。從前日本有一首歌，歌詞唱道，「我也去、你也去，在狹小的日本已經住膩了，海的對岸有中國，中國有四億的民眾在等著我們」，如此傲慢的歌曲竟然曾一度流行過。

因為這本《四萬萬顧客》大賣，成為當時的超級暢銷書，所以從此克勞也就一本接著一本寫了下去。

其中有一本的書名是《我的朋友，中國人》（*My Friends the Chinese*，一九三八）。這本書裡有一段，克勞講他與中國盜賊相識的經過，非常有趣，所以在這裡介紹給大家。

這名盜賊姓孫，有一個很像女孩子的名字，美瑤。他原本是山東省一個富有人家的兒子，但是他的父親因為稅金的事和縣令發生了糾紛，而被縣令勒令斬首並沒收了財產。

在中國，自古至今，都很輕易地就把人判死刑。我想，可能有不少人到中國旅行時，曾在地方政府的布告欄上，看到「某某人被處以死刑」，已被處刑者的名字上被打一個紅色大勾，而感到不寒而慄吧！

常聽說，過去的中國官員總是多麼苛刻地剝削壓榨貧困的農民，不過真相好像並不是那樣。要壓榨人數眾多的貧農，那該有多麻煩，而且就算花力氣去壓榨，也很難獲得什麼成果。所以，官員們的目標其實是有錢的富農。對付他們，效率要高得多。而且最好是隨便安個什麼罪名在他們身上，斬首、沒收財產，只要來這麼一下，便可以大撈一筆了。

當然克勞並沒有寫到這些，但故事的經過就是這樣，孫美瑤的父親就是如此簡單地就被斬首了。

孫美瑤帶領著家人到山裡避難，伺機刺殺縣令為父親報仇。沒過多久，他就集結了七百多名手下，也配置了武器。一個盜賊集團就這樣誕生了（之後會再詳說「官兵以外的武裝集團」就是盜賊）。

為什麼這麼一會兒工夫就能招來七百人呢？那是因為在中國的農村地區幾乎不管在什麼年代，都有許多無所事事的男子。由於耕地面積有限，過多的人口，除了農業也沒什麼工作可幹，人手就閒置了。那些人被稱為「閒人」、「閒漢」或者「閒民」。跟日本的「有閒人」意思不一樣。日本的「有閒人」是指那些生活有餘裕、年長、態度較溫和穩重的人。而中國的「閒人」、「閒漢」、「閒民」則是指那些身強體壯卻遊手好閒的傢伙們。

在過去的中國，因為害怕地方官和當地勢力結合，所以從來都是任命非當地出身的人主管地方行政，在一地大概就只待兩三年。地方官的地緣關係很淺，因此，人們儘管對地方官抱持著敬意，卻沒有親近感。相反的，對當地的地主和富農則不僅抱有敬意，也有親近感。所以，當外來的官員和土生土長的富農出現對立的時候，老百姓們都比較容易站在富農這邊。

關於這一點，從以前就有很多議論。

明朝末年，就像我們已經知道的，李自成等流寇在各地流竄，最終導致了明朝的滅亡。但是，那個時候，在保護各地大小城市上，地方官們基本上沒有派上什麼用場。有無數的例子都說明，當時是地方的富農把農民組織起來驅逐了流寇。親眼見到那樣情況的顧炎武等大學人們，便開始主張讓地方官世襲。他們認為，如果實行像日本江戶時代那樣的制度的話，地方官（更正確的說法是領主）可能就會認真地駐守自己的任所，地方的人們也會提供合作了。

但是，在那以後，後面我也會談到，在太平天國之亂中，鎮壓混亂的也不是軍官，而是地方名門望族私人組織的鄉土軍隊。

所以說，農村的人們基本上對自己出身地的有勢力有名望的家族，具有非常根深蒂固的信賴感和敬服感。我們常聽到，貧困農民被地主欺負，咬牙切齒，流著血淚要報仇，發誓要打倒地主階級，建立農民的天下云云，其實那基本上都是共產黨編的故事。

孫美瑤的父親，在當時應該是一位擁有進步思想且有勇氣的人，所以受到地方上人們的愛戴。那樣的人被隨便地斬首，兒子說要報仇，當然立刻就能集結到七百人。孫美瑤為自己的集團取了一個很響亮的名字叫作「山東建國自治軍」。

久經世故的克勞

此集團的主要收入來源是襲擊有錢人，綁架人質以換取贖金。但是，時日一久，慢慢就沒有那樣的必要了。因為，有錢人在被襲擊前，就會主動到山寨裡去進貢。

這裡再稍微離題一下。在西方和日本，以贖金為目的之綁架，通常是以小孩為綁架目標。再也沒有比綁架孩子更讓父母擔心的了——這是西方人和日本人的想法。與此相反，在中國，被綁架的通常是老爺爺。再也沒有比綁架父母更讓子女擔心的了——這是中國人的想法。此外，孩子的父母頂多就兩個人，但是爺爺有兒子、孫子、女兒、女婿等一大堆人替他擔心，要籌措贖金比較容易。中國不愧是個孝悌之邦，但好像很少聽說有老奶奶被綁架的。

言歸正傳。孫美瑤的「建國自治軍」聲勢大振。但是，縣令這個殺父仇人卻躲在堅固的城牆內，他們根本無從下手。於是，於一九二三年五月，孫美瑤帶頭襲擊了火車，並劫持了三百多名中國乘客和二十五名外國乘客，提出以罷免縣令作為交換條件。

這二十五名外國人當中，包括了許多上海各界的重要人物，因而引起了大騷動。而且由於人質是外國人，所以軍方也不敢輕舉妄動。

因此，各國派出了救援團。美國派了久經世故的克勞（又是他！）代表美國紅十字會，帶著衣服、食物與醫藥用品等前往當地。

克勞在離山寨最近的車站臨城下車後，不一會兒就找到了一個熟悉山寨情況的人，這人說可以幫忙找人把東西帶進山寨裡。他半信半疑地把一部分行李託付給這個人，另外附上一封給被綁架的熟人包括物品清單在內的信。當他看到被找來的搬運工們，盡是一些看上去就像山賊的傢伙，心裡感到十分不安，但是，在隔天黎明前，他們就帶回了熟人表示物品已經悉數收到了的回信。

自此以後，克勞就放心地把其他的物品也陸續托運。每一次，搬運工都帶回人質們寫的收條。像這樣，每天三十到四十個人，搬運了六個星期，可搬了不少的東西。

最後，克勞向頭目孫美瑤發出了一封信，懇請其在人質的救援上給予協助。

很快就有了回音。信上首先對克勞的人道主義努力表達了敬意，並表示自己的手下都是些正直之輩，打包票保證他們絕對沒有搶奪送給人質們的物品，可以放心。隨信還附贈了兩瓶最頂級的白蘭地。另外還有六只懷錶，信上委託克勞將之送交鐘錶店修理，說修理費用會自理。那可能是山賊們從乘客那兒沒收來的懷錶，其中有六個分到錶的山賊不知道怎麼用，而把錶給弄壞了。

克勞立刻叫人把懷錶修好，先墊上修理費，然後派人把修好的錶和賬單一塊兒送到山寨裡。孫美瑤那邊立即派人把修理費送了過來，並因為這件事，對克勞產生信賴，自此以後，給克勞的信，均稱其為「兄長」。在盜賊和黑道人物之間，「兄長」可是最高級的尊稱了。

克勞想，既然稱我為「兄長」，也許能聽我幾句，於是，就試著要求讓人質當中自己的一個朋友來見一面。結果，第二天，這個朋友就下山來到救援陣地，在理髮、洗澡、飽食一頓，住上一夜後，隔天又興高采烈地回到了山上。從此，就開啟了雙方人員往來之門。

盜賊不可或缺的智囊

孫美瑤之後派了他的兩個隨從和一個義子來向克勞致意。隨從們是衣著華麗的知識分子。義子則是個十五、六歲的少年，腰上懸掛著一把手槍，臉上一副哪個人質不交贖金就把他給斃了的得意神情。

自古以來中國的盜賊，只要成了一個稍具規模的集團，就會僱用知識分子來當祕書。在古時候，叫作「聘讀書人・文人為軍師」。讀書人或者文人，都是指那些從小熟讀經典、知道很多艱難詞彙和大道理的人。

盜賊集團大到一定程度，就需要有負責聯絡、交涉、出布告等能寫字的人，而且還是要能夠做出好文章的人。再說，即便是盜賊，中國這個文化之邦的盜賊畢竟不一樣，光是靠蠻力而不知禮儀的話，是會被人看不起的。這就需要靠文人，因為文人最懂禮儀。此外，要想幹一番事業，就必須要有「誅君側之奸」、「拯救民眾塗炭之苦」，或者是「替天行道」之類表面上看似很有道理的大義名分。這也是文人們最拿手的活。別的不說，像「山東建國自治軍」這樣的名字，沒點兒學問可是取不來的。

所以說，盜賊是少不了知識分子的。《水滸傳》裡的吳用，還有後面會提到的李自成身邊的李岩，都是當參謀的知識分子被理想化了的形象。

知識分子本身成為首領的也有。像是唐朝末年的黃巢、太平天國的洪秀全，還有共產黨的毛澤東等都是。除此之外，有很多盜賊的首領會把腦筋好、身強體壯的青少年，收為義子帶在身邊，就像是希特勒的「黨衛隊」（SS）一樣的親衛隊。不過，中國的盜賊通常是歃血為盟，透過嚴肅的儀式結為義父子。這些年輕人平時在首領（義父）的身邊擔任護衛，在危難時則充當敢死隊殺出一條血路，不管首領如何衰敗，還是誓死效忠到最後。

這樣的習慣似乎是從唐末五代的時候開始的。那個時代的武將和盜賊幾乎沒有什麼差別。有力量的盜賊就是武將。五代時建立蜀王朝的王建就擁有義子多達四百人。這些人都是些不要命的流氓無賴，像是李破肋（打斷肋骨的李）、郝牛屎（姓郝的牛糞）、陳波斯（姓陳的波斯小子）之流，從名字就可看出絕非尋常之輩。

回歸正題。話說在歷經種種交涉後，最後終於達成協議。條件是二十五名外國人贖金十萬美元，外加罷免縣令。但就在雙方達成協議之時，孫美瑤竟然糊裡糊塗地就把人質們給釋放了。

這時，見到機不可失的政府立刻出動軍隊，阻擋了正往山上送贖金途中的克勞等人，並包圍了山寨。在捉到孫美瑤後，毫不留情地對之處以了斬首之刑。至於縣令呢？——當然沒被罷免了。[3]

這是克勞認識一個二十世紀的盜賊的經過。

並不是所有的盜賊都像這樣。何謂盜賊？其實涵義範圍非常廣闊。這裡只是先為大家介紹其中一類而已。

試為「盜賊」下定義

中國從古代起到二十世紀，一直都有盜賊。有的時期全國各地到處都有盜賊出沒，有的時期則少一點兒，不過，反正不管是什麼時代，一直都有盜賊存在。

下面，我想先來談一談名稱，然後再談談其特性還有出現的原因。首先，關於名稱——單是稱為「盜」的最多，也有單稱為「賊」的，也有稱為「寇」的。清朝以後，稱為「匪」的也很多。不管怎麼稱呼，意思都是一樣的。把上述四個字適當地組合一下，「盜賊」、「賊盜」、「賊寇」、「匪賊」等都可以。全部共有十二種可能的組合，基本上都沒問題。

其他也有各種稱法，是把活動地點和行動模式冠在這些字上。

例如：

山賊——在山裡建立巢穴的盜賊。
海賊——在沿海地區和島嶼附近的海上活動的盜賊。
水賊——在內陸的河川或湖上乘船四處作亂的盜賊。
馬賊——以騎馬隊形式出現的盜賊。在中國東北很多。
妖賊——以怪力亂神的民間信仰為核心的盜賊。
教匪——以佛教或基督教為母體的盜賊。

3【編注】：孫美瑤最後與當時的北京政府達成協議。孫美瑤釋放了所有的外國人質，北京政府則收編他的軍隊三千人，並任用孫美瑤為旅長，歸山東政府軍管轄。不過半年後，孫美瑤即遭到處決。

流賊、流寇——沒有特定的根據地，在廣泛範圍流動的盜賊。

土賊、土匪——在固定的相對較小的範圍內占地為王的盜賊。

除此之外，日本人的祖先，打著「南無八幡大菩薩」的旗子渡海前進、在中國沿海騷亂的「倭寇」等，當然也算是盜賊的一種。所以，有各種不同的稱法，但以下我把他們都通稱為「盜賊」。

不過，中文說的「盜賊」和日文說的「盜賊」意思不大一樣。日文的「盜賊」，例如「半夜盜賊侵入，放在大門口的鞋子被拿走了」。在中國，像這樣背著人偷偷地竊取他人東西的人稱為「偷」。「偷」和「盜」很不湊巧日語的讀音完全相同。但在中文裡不但不同，而且聽起來厲害程度完全不一樣。「偷」是個人，「盜」則是集團。「偷」是「偷偷摸摸」的，「盜」則是「明目張膽」的。

接下來，談談特徵——

說起來，特徵其實也有各種各樣，但有幾個基本要素：

一、不屬於官府
二、有武裝
三、以暴力逼他人就範
四、集團

下面就這四個要素稍作說明——

盜賊是有實力的集團、武裝集團，但是說到有實力的集團、武裝集團，像現下的日本員警和自衛隊那樣的，由中央・地方政府組織運營的武裝集團當然不會被稱為盜賊。政府・體制・權力一方及其成員，統稱為「官府」。

如果把非「官府」者都一概稱為「民」的話，盜賊就是在「民」的一方擅自組織的有實力的集團（當然這種集團的頭目還有成員們就是「盜賊」了）。

與正義・不正義無關

接著，說「武裝」。

不管聚集了多少人，如果沒有武裝就稱不上盜賊。但是，武裝並不是說要有什麼了不起的武器裝備。就算全體成員只是手持棒棍威嚇對方，或者有消滅對方的意思，那就足以稱為武裝了。

接下來是「以暴力逼他人就範」。

基本上大多數的盜賊，都是由飢餓的人所組成。肚子餓了沒得吃，找不到工作又沒人給錢，那樣的時候，一個人實在是活不下去，於是同樣境遇的人就聚在一起。聚在一起以後怎麼辦呢？這個時候，就分有軟派和硬派兩種不同的做法。

軟派呢，就出去行乞。中國的乞丐大多形成集團。就算出去行乞的時候各自行動，但每個人都是隸屬於某個組織的。有的時候，一個村子或是好幾個村子一起組織起來出遠門做行乞之旅。說「旅」這個字聽起來好像很奢侈，但其實那是在家鄉實在沒東西吃，不得已而為的。

聽說一九六〇年前後饑荒時，中國各地經常可以看到數百人或數千人的乞丐集團秩序井然地通過（不過有規定說不能到有外國人的地方）。據說有些集團還獲得正式批准，集團的領導者持有由出生地共產黨委員會發行的「請讓此集團順利通過」，以請求各地黨委幫忙的「通行證」。

不過，聽說其中曾經有過強要面子的村黨幹部，認為自己村裡的人出去行乞有失體面，而不准任何人出去行乞，結果把整個村裡的人都餓死的例子。到那樣的地步就更失體面了。所以說，還是讓想出去行乞的人默默地自行出去行乞比較說得過去。

好，軟派的事就說到這兒——

硬派那一邊，就成為盜賊了。

以暴力逼人就範時提出的要求，通常是糧食，或者是能夠用來購買糧食的金錢，又或者是可以變賣的財物。向那些擁有這些資源的人懇求、要求賞賜的是軟派，而違背對方的意思強行奪取的就是硬派。

在糧食、金錢、財物等方面都得到充分滿足的時候，接下來就是「女人」。慾望愈來愈膨脹以後，就開始出現爭奪「權力」、「天下」等的狂妄念頭。

另外，盜賊的種類五花八門，其中也有不是飢餓集團，而是從一開始就想改造社會、追求公平，或者以實現烏托邦為目的的。

接下來是「集團」。從上述的內容，我想大家都已經能充分理解，盜賊，一定是一個集團。其規模大小不一。從小自十人左右的小集團，到數萬人、數十萬人的大集團都有。在這裡必須要追加強調的是，這與正義或不正義無關。襲擊農村搶奪糧食和值錢東西，放火燒民房、強搶婦女的，不用說當然是「盜賊」。但是，集結黨徒，打著「教訓貪官污吏」、「減輕賦稅」、「耕者得耕地」等旗號、攻擊政府機關的，也是「盜賊」。那麼，為什麼連正義的集團，也被稱之以「盜」、「賊」這樣難聽的稱呼呢？

其實，本來「正義」或「惡」這樣的價值判斷，都是由於每個人所站的立場不同，而看法不同的。「盜賊」，是站在「官」一方的立場來看時所稱呼的。

從官方看來，無論是山賊野盜也好，意圖改造社會的集團也罷，都是些不逞之徒組成的集團，在擾亂現有秩序這一點上，沒有絲毫的不同。況且，山賊野盜只是騷擾百姓，對天下大勢並無影響，但意圖改造社會的集團，意欲顛覆體制，在官方的眼裡，反而更加要不得，根本談不上是什麼「正義」。

所以，不管主張什麼或以什麼為目的，只要是進行了武裝、以實力逼他人就範的集團，就全部都被稱為「盜賊」。

為什麼會出現盜賊？

為什麼這樣的集團會出現呢？

最大的原因是貧窮。再來就是，不公平。

但是，貧困和不公平的地方就一定會出現盜賊嗎？也並不盡然如此。

在人類的歷史上，幾乎不管在任何時代、地球上的任何地方，都有貧窮和不公平，但不見得任何時代、任何地方都有盜賊出現。

英國有位名叫霍布斯邦（Eric Hobsbawm）的學人，是個從全球規模來研究盜賊的盜賊專家，他是這麼說的：

盜賊的出現和存在，是在處於氏族社會與近代資本主義社會中間階段的農業社會裡。農業社會中，社會的基礎是農業（包括畜牧業），領主、城市、政府、執法者、銀行家當中的一者，或是數者共同統治著農村。擁有土地的農民和沒有土地的農業勞動者為被統治階層。在那樣的時代，那樣的社會裡，幾乎都有盜賊出沒。其中，尤其在秘魯、西西里島、烏克蘭、印尼，以及中國等地較多。

在那樣的農業社會中，在那些農業勞動不需要太費工夫及人手的地方，或者那些無法讓身強體壯的男子們充分獲得就業的地方，農村就會出現過剩的人口。這，就成為盜賊的來源。

對盜賊來說，理想的環境是，各個地區的權力獨立，換句話說就是相互之間聯繫不足。比方說，在A地幹了壞事，只要逃到B地，A地不能對B地動手，而B地不干涉A地發生的事。

到了經濟發展良好，交通、通信發達，行政效率提升了的近代社會，盜賊就銷聲匿跡了。就算不銷聲匿跡，只要快速而良好的現代化道路建設好，盜賊就會明顯地大幅減少。

——把霍布斯邦的話，總結概括一下，差不多就是上述這樣。霍布斯邦主要是以歐洲和南美洲為研究對象，但從中國的情況來看，他的理論也相當合理。

中國的政治學家薩孟武，則把盜賊發生的原因，歸咎於中國農業的縮小再生產。

中國的人口多，耕地面積小——這麼說，也許有人會問，中國不是一個幅員遼闊的國家嗎？確實，國土面積是很大，但可耕地面積卻只有百分之十左右，所以並不是那麼大。眾多的人們把窄小的田細細分割，在農地工作，因此農業技術不發達。而且在同一處耕地重複進行同樣規模生產，也造成土地生產力年年下降，產量日趨減少。貧困愈來愈普遍，農民於是捨棄土地，成為流浪的閒民，盜賊就這麼出現了。

——這是薩孟武的說法。這和霍布斯邦所言並沒有多大的差別。在農村地區，沒有工作機會，或者就算工作也吃不飽的人們，不斷且大量地湧現。這就是盜賊出現的根本原因。

治安狀況變得如何？

要具體描述盜賊的形象為何，也許大家可以想想黑澤明導演的電影《七武士》。電影裡，如果沒記錯的話，是叫「nobushi」（野伏、野武士）或者「nobuseri」（野臥）。野武士呢，其實並非武士，而是在收成時期成群襲擊村落的山賊野盜。那可以說是最典型的、最普通的盜賊了。

在那部電影中，不堪其擾的農民們到城裡去找流浪武士，僱為保鏢。為什麼必須那麼做呢？因為沒有員警。不是治安不好的問題，而是那裡根本就沒有負責維護治安的官府。

以前中國的農村也是那樣。

相對而言，城市裡有較多的防衛設施。不如這麼說，原本城市（人與住房大量集中的地方）就是一個較為完善的防衛單位。

霍布斯邦也提及了治安問題，確實，就算盜賊出現的根本原因存在，只要治安維護好，盜賊集團就不至於在大白天明目張膽地作亂——至少要那麼做會比較困難。

今天，在全世界大部分的國家，軍隊和警察都是分開存在的。軍隊主要準備對抗外敵的侵略，而警察則負責維持國內的治安。

但是，在古代的中國並沒有區別，一律都叫作「兵」。當然，依駐紮地點的不同，邊境地區的兵以負責國防為主，內部的兵則以負責治安為主，但並沒有軍隊和警察那樣明確的區分。

兵的制度隨著時代的變遷而有所不同，但自宋代以後，也就是在過去的大約一千年裡，並沒有什麼變化。其特徵是，在京城裡置重兵，但在地方則盡可能地不置兵。這是因為在唐代，地方的兵力變得過強後，漸漸不聽中央使喚，結果朝廷變得像個孤島一樣，最終走向滅亡。所以，有鑑於此，後來大部分的政權都只在中央設置強而有力的重兵。

這麼一來，盜賊就容易在地方上橫行。但只要停留在襲擊農村地區的民家，搶奪財物的程度，就不至於會影響到朝廷的安危。然而，如果在地方置重兵，兵不服從中央的指揮，又企圖謀反，就威脅到朝廷的命運了。朝廷的安全是最重要的，因此，盡可能地強化中央、弱化地方是理所當然的。

但是，如果地方的防備嚴重衰弱到稅金沒有辦法順利地送進中央，這就令人頭痛了。還有，盜賊強大到有可能奪取天下的話，也是很糟糕的事。所以，一般來說，在盜賊攻擊或占領縣城的階段，中央就會出兵進行鎮壓。

提到「縣城」這個詞，讓我在這裡先就「縣」的意思做些說明。

日文裡也有「縣」這個字，但中國的縣和日本的縣相當不同，或者甚至可以說是完全不同，所以請大家一定要注意。

從二千年前到現在，中國地方行政的基本單位都是縣。這個縣呢，是一個不怎麼大的城市。以日本來說，就像是不久以前全國各地到處都有的某某郡某某町的「町」，或是像現下的小城市，人口通常在大約二萬到五萬人左右。縣的數量隨著時代的不同而改變，但中國全國的縣基本上差不多維持在兩千個左右。

順便提一句，在今天的中國，大的縣就升格為市。一個大的市經常會順便吸納很多周邊的縣，所以，一個市裡（通常是周邊地區）會有好幾個縣。例如北京市裡，就有順義縣、懷柔縣、密雲縣等十幾個縣。重慶市裡有巴縣、大足縣、銅梁縣等十幾個縣。這與縣中有市的日本剛好相反（但是，並不是所有的縣都屬於某個市，不屬於任何市的縣在數量上要多得多）。

再回過頭來說，縣，是地方行政的基本單位，一個小城市。但與日本不同的是，四面都圍著城牆。這個以厚數公尺、高數公丈的厚實堅固的土城牆牢牢地圍在四周的城市，就叫作「縣城」。

當然，並不是全部有城牆的都是縣，比縣還要小的「鎮」也經常會有城牆。

中國的「城」，就是指包圍在此種小城市周遭的土牆。萬里長城，就是綿延不斷的厚實的土牆。不僅如此，以城牆圍在四周的小城市（或者都市）也稱為「城」。這和日本稱的「城」完全是不同的東西。讀到杜甫詩裡的「城春草木深」，日本人會想像說是在天守閣那樣的一個城（譯按：像日本大阪城那樣城樓般的建築）上看到櫻花盛開的樣子，其實完全不對。「城春」是說「春天來到了長安的市街上」。

縣的周邊為何要圍上城牆？當然是為了防衛。萬里長城就是基於這個想法，試圖將中國本身用城牆圍起來。

同樣是城市，要比縣大得多的是等級高於縣的「州」。州當中特別重要的地方稱作「府」。但是，它仍然是一個城市。當然四面也是以城牆圍著。

再回來說縣，縣的城牆周邊一帶都是農田。

說來這也是理應如此，原本有農耕地，在那兒在農地工作的人們在耕地正中間建築起以城牆圍繞的城市，城的周邊都是農田。所以，在古時候，農民們住在城內，早上到城外的田裡去幹活，傍晚又回到城裡。

但是隨著人口不斷增加，人們就開始向外進一步開墾田地，圍繞著城形狀像甜甜圈那樣。這麼一來，距離就遠了，每天早上出門，傍晚回來就變得不方便，或者變得不可能了。所以，慢慢的，人們就在自己的田地旁邊蓋房子住下。這就形成村落了。

這就和治安的問題聯繫了起來。剛才說到過去中國的軍隊都是以防衛首都為主的。從前最大的地方行政區是「××道」或「××路」，元朝以後改為「××省」，每個大行政區的中心都市（府或州）都分別設有類似首都軍隊的分隊那樣的武力。縣裡沒有分隊，但本身有一點兵力。政府設有治安單位，真正的防衛就僅僅做到這一步。

農村的治安，表面上是由縣政府委託村裡的有力人士組織的公共自衛隊負責，但那樣的組織一般都非常鬆散。因為如果要供養專業的自衛隊，光是費用由誰來負擔這個問題就相當難解決了。

因此，地主和富農大多是自己管自己一家的防衛。通常地主和富農的家裡，都有幾十口人甚至幾百口人。房子很大，占地也很廣。他們一般都是在周邊圍上土牆，養一些可以當傭人兼保鏢的男子保護一家子。

沒法那麼做的普通老百姓，就暴露在盜賊騷擾的危險下，也就是像黑澤明的電影《七武士》裡的村莊那樣的狀態。盜賊來的話，雖然通常是緩不濟急，但縣裡會派兵出來。

官兵都是些什麼人？

這裡說的官兵，和現在日本的自衛隊或者二戰前的日本陸軍都大不相同。

在過去的中國，政府僱傭官兵，基本上是一種治安上的對策，可以被看作是一種社會保障。由於那些找不到農活可做的男子變成閒民，到處惹是生非，所以政府就讓他們去當兵，賞他們一口飯吃。那些沒有被吸收為官兵的，就淪為盜賊了。官兵和盜賊在本質上是完全一樣的，不管是哪一邊，其實都出身於地痞流氓。

所以，當村子遭到盜賊侵襲，官兵追趕著盜賊而來，後來的官兵比起先來的盜賊更加兇猛殘暴，進行更加徹底的掠奪，那樣的例子比比皆是。對盜賊來說，老百姓是衣食父母，趕盡殺絕的話，會影響日後的生計。然而，對官兵來說，盜賊是衣食父母，所以對盜賊還多少關照一下，但對老百姓那就沒有客氣的必要了。老百姓們因此受到這兩方無情的摧殘踐踏。

盜賊與官兵有串通一氣之處。除了那些伺機奪取天下的大盜賊之外，一般的盜賊，不會與官兵為敵。因為那麼做對他們一點兒好處也沒有。看到官兵來了就趕緊逃跑，或者趕緊給帶兵的隊長送錢，拜託他們高抬貴手移動到別的地方去。

對官兵來說，將盜賊根除，他們就失業了。有盜賊出沒，他們就能得到許多好處。他們追趕盜賊，只要把逃得慢的一兩個傢伙抓起來砍頭，向上面報告說「這人是盜賊的頭目」，就能得到獎賞。要是沒抓到盜賊的話，就拿老百姓的人頭頂替，這叫作「借人頭」。另外，還可以在盜賊逃走後的村莊進行掠奪，完了只要全部栽贓給盜賊，就什麼問題也沒有了。

盜賊這一邊也是心裡有數，官兵一追來，他們就一邊逃跑，一邊把女人綁在樹幹上，或者把漂亮的衣物放置在路旁。對官兵來說，得到衣物和女人比抓到盜賊要強得多，所以他們忙著撿衣物、抱女人，就不再繼續追下去了。與其打打殺殺，不如這麼做，對雙方都有好處。

中國自古以來就有「好鐵不打釘、好男不當兵」的說法。這也是理所當然的，因為，當兵的實在素質太差，形象太惡劣。

中國開始考慮到官兵的素質問題，還是在十九世紀末、二十世紀初以後的事。在甲午戰爭被日本打敗後，開始關注日本和歐美的軍隊，認為當兵的至少也要能識字，所以才開始教授識字，並聘請日本和歐美的軍人來訓練軍隊，或者將年輕有為的青年送到日本或歐美的士官學校去接受新式教育。

那些被送到日本的年輕人在革命思想上產生了覺悟，結果回到中國後，就把滿清王朝給推翻了，所以，回過頭來看，還是那些出身地痞流氓的官兵比較安全。

因此，在中國，直到不久以前，當兵的等於流氓無賴，這樣的觀念一直很強。這和武士的地位十分崇高的日本完全不同。

艾格尼絲·史沫特萊[4]寫的朱德將軍的傳記《偉大的道路》（*The Great Road: The Life and Times of Chu Teh*）中，有一段非常典型的一般中國人對於當兵（或者當軍人）的反應。在這裡給大家介紹一下。

朱德瞞著家人從成都的高等師範學校畢業後，成為一名體育教師，同時進入雲南軍官學校，成為一名軍人。首先是他把成為體育教師的事向家人坦白說出時，家人的反應：

「坦白的後果是可怕的，」朱將軍說：「開始是一陣吃驚後的沉默，接著我父親問道，體育是什麼意思。我解釋以後，他大叫起來，說全家苦幹十二年，為的是要教育出一個子弟免得一家挨餓，而結果卻是打算去教學生怎樣伸胳膊邁腿。他大叫大鬧道，

4【編注】：艾格尼絲·史沫特萊（Agnes Smedley, 1892-1950），美國著名左派記者，以對中國革命的報導著稱，支持女權、印度獨立、中國共產主義革命。

苦力也會這個！他接著跑出家門，一直到我走，他也沒回來。那天晚上我聽到母親在啜泣。」

連成為一個教人活動身體的體育教師，都被視為家裡的恥辱，更不用說成為一名軍人了——

「我向家裡說明我要參加新軍，全家人都以為我瘋了。」當教師教那種野蠻的體育還沒有什麼，可是去當「好鐵不打釘、好男不當兵」的大兵，他們可受不住了。他們開始顯得很和藹，小心地勸他留在家裡，休養休養腦筋。等他說明他完全清醒，並決定獻身於從滿人和外國的統治下解放中國的事業時，「反應是可怕的，太可怕了！」對於他的養父也是一個致命的打擊。他啟程去成都那天，竟沒有一個人來送別。他離開他的家成為一個流浪者，世界上的一切似乎都在跟他作對。

中國人對「武」或者「軍」、「兵」的輕蔑和嫌惡，是容易理解的。即便是在有紀律的軍隊剛誕生的二十世紀，也是一樣。官兵，更不用說盜賊，根本就是豬狗不如的畜生，是只會給人帶來災難的令人恐懼的存在。

盜賊坐大的條件

中國的盜賊因為農村的貧窮而出現，因為治安的不完備而得以生存。那樣的盜賊，一有個什麼機會，就可能突然坐大。

機會是各種各樣的，大致上能分為外在的因素和內在的因素。

外在的因素，有饑荒、天災、與周邊民族或外國的戰爭、朝廷的財政膨脹，尤其是王朝末期社會秩序的崩解與社會不安等等。那樣的時候，盜賊就如雨後春筍般到處冒出來。這些原因，不管是哪一個，都還不能讓盜賊膨脹為數萬或數十萬人的集團。盜賊的規模要壯大到那種程度，內在的要素必不可少。

基本上，盜賊必須具備下述的一個條件或者幾個條件，規模才能壯大起來。

第一，具有宗教的、神化的色彩。這是團結的核心，是每個人勇氣的源泉。

歷史上著名的盜賊，基本上都具備了這個條件。以既有宗教（大多數時候是佛教）凝聚人心，或者以新興宗教的活神仙為信仰的中心。

具強烈宗教色彩的盜賊被稱為「妖賊」或者「教匪」。

中國盜賊史上，登場最頻繁的，是佛教的一派——彌勒教．白蓮教。彌勒教和白蓮教的關係，其相異之處，要詳細說起來太複雜，簡而言之，從南北朝時代起在民間廣為流傳的彌勒教，在元朝加入了一些其他要素，成為白蓮教。這麼理解就可以了。這兩者都宣傳說，天下大亂後，彌勒佛將會出現，建造一個理想的世界。打倒元朝的「紅巾賊」，就是由被打散的彌勒教．白蓮教教徒所組成。

除此之外，東漢末年「黃巾賊」的太平道（道教的一派），以及十九世紀「太平天國」，別名「長髮賊」的基督教等，尤為著名。

共產黨的馬克思主義，雖然不是宗教，但集團的宗教性依據可以說是和上述集團近似的，都是承諾在大亂之後出現理想世界，且教義是不容懷疑、批判的。事實上，共產黨經常呼籲說，要把馬克思主義當成「信仰」。

盜賊坐大的第二個條件是，不平知識分子的加入。

不平知識分子的「不平」有兩個意義。

一是，有才幹、有能力，但沒有得到公正的評價。因為無法獲得與能力相符的地位，而出現個人的不平。在過去的中國，知識分子必須通過被稱為科舉的官員資格考試，才能當官，但任誰都知道，科舉並不能合理地評價個人的資質和能力。所以落榜者要比中榜者要多得多。名落孫山的人都不認為自己是因為愚笨才落榜，都相信自己是「不遇」（有才能但沒有獲得合理的待遇），因此抱著不平的心理。這些不平的知識分子要是編造出什麼批評政府的言論，那可就危險了，所以，歷代朝廷都稱「野無遺賢」，設法予以吸收編入體制內或者給予救濟。但不平不滿的知識分子或者不遇的知識分子仍然到處都是。

另一是，對社會的不公平、不合理，基於正義感而產生的不平不滿。過去中國的文人，從小就飽讀儒家的四書五經。儒家的學問講的都是一些大道理，什麼公正、良心，以及以人民生活社稷為重之類的。富裕人家的子弟，由於從小就被灌輸了這些思想，所以心地善良、有強烈正義感的人特別多。年輕的時候尤其如此。他們對社會的各種不合理情況感到義憤填膺，認為「絕不能容許！」這些人也是不平的知識分子。

在共產黨所寫的歷史書籍中，屬於統治階級的人，都壞到了骨子裡，只考慮如何剝削人民，因此，那些被剝削的人民才因不滿社會的不公而奮起，等等，寫得很簡單，但實際上事情並非那麼單純。

如果自己心中不存在一絲一毫公正合理結構的形象的話，是看不到社會的不公正、不合理的。這需要一定程度的知識基礎或訓練。進入白蓮教的人，被教說現下的社會有問題，彌勒佛祖即將現身拯救眾生，接受的也是一種知識的訓練，但遠遠比不上那些從小就不斷學習論語、孟子的人。「這個社會有問題！」說這話的，差不多總是知識分子。

不平的知識分子，或者抱著賭一把，一半豁出去了的心情，或者懷著滿腔的正義感，總之，有很多人加入了盜賊集團。畢竟知識分子和盜賊身分不同，一般都是由盜賊出面延請，知識分子在委身加入後被尊稱為「軍師」，負責策定戰略、口號、涉外和文書事務等工作。這麼做的話，盜賊也就跟著高級化，組織也能更好地運作了。

運輸工人和商人是必要的「資訊網」

盜賊強大起來的第三個條件是運輸工人、行腳商人以及走私鹽販等的加入。

在過去的中國，交通和通信稱不上發達，但物資卻大量地在廣大範圍裡流通。其原因是，歷史上大多數的時候，權力的中心都在中國的北部。唐、宋的時候在黃河流域的長安、洛陽、開封等地，元、明、清的時候在北京，這一帶被稱為「北方」。與此相對，生產的重心在長江下游地區，這一帶被稱為「南方」。也就是說，北方是消費地區，南方是生產地區。因此，通過把南方生產的糧食與物資不斷地運送到北方去消費，整個中國就活絡起來了。也就是說，物資是縱向移動的。

說到具體是在什麼地方移動，最主要的是連接北方的黃河與南方的長江的南北向大運河。其他也有海路，但主要還是以運河為主。

此外也有東西向的，也就是橫向的移動。沿海地區的物資被運往內陸，內陸的物資被運往沿海地區，其中包括了食鹽等生活必需物資。如同「南船北馬」這個詞所體現的，在北方，運輸主要是走陸路，在南方，則主要是走水路。

像這樣，由於物資大量地在廣大的範圍內流通，參與相關工作的運輸工人和商人也就很多。這些人對於哪兒有穀倉區，哪兒有物資集散地，哪兒有重要戰略城市，哪兒有官兵駐守，這些地方之間的道路與河川是如何相通等等，都具有非常豐富且正確的知識。不僅擁有知識，還擁有人脈。不管到何處，當地都有同業的夥伴，作為一個組織的網目，形成一個資訊網、聯絡網，一個互助的組織。而且這些人之間有一種風氣，就是把朋友之間的信賴看得比什麼都重要的「義」或者「俠」的風氣。

有了這些人的加入，盜賊也就能跟著開闊視野，並在更廣闊的範圍進行活動。老老實實地當個老百姓，就只得忍受「土匪」們的騷擾了。

總而言之，對盜賊集團來說，宗教、信仰是心臟，知識分子是頭腦，運輸工人和商人們是耳目。占絕大多數的農村的遊手好閒者，是手和腳。

具備了這些條件後，擁有成千上萬，甚至數十萬群眾的盜賊，就可以有幹勁、有目標、有成效地進行活動了。

這麼一來，他們會反過來攻擊縣或州，殺死官吏，統治地方，最終生出奪取天下的野心。

盜賊王朝

在中國歷史上，經常有盜賊在一個時期占據並統治一個地方的例子。一個地方的面積有大有小，但統治像日本的一個地區（東北地區或關東地區）或者像日本全國這麼廣大土地的盜賊，並不少見。

比如說在宋代有三大盜賊。最早的是北宋的「王小波・李順」，也就是王小波這個男的盜賊頭目，在死後由他的小舅子李順接班，他們這個盜賊集團統治了幾乎整個四川地區，其面積差不多有日本的本州那麼大。

再來是北宋末年的「方臘」，也就是以方臘為首的盜賊集團，控制了今天的浙江省西半部，以及安徽省的部分地區，面積相當於日本東北六縣的總和。

接下來是南宋的「鐘相・楊么」，這個集團最初的頭目鐘相死後，他的位子由頭號弟子楊么（「么」並不是名字，而是「小」、「年輕」之意）繼承。他們占據了湖北的北半部，以及湖南、四川等地，面積相當於日本國土的一半。

實際上，面積並不是問題，而是占據多少府、州的問題。因為占領再多的山林和荒地，其實一點兒用處都沒有。這不僅限於盜賊，任何的戰鬥都一樣。不過，盜賊們確實經常占據十分廣大的地區。

中國共產黨於一九三〇年代，在江西省瑞金建立「中華蘇維埃」政權，被趕出該地後，逃往西北，以延安為根據地，建立「解放區」政權，可以說就是承繼了這樣的傳統。

那麼做之所以可能，是因為中國國土遼闊，交通不發達，所以就算在那麼一個小地方，也能維持一定程度的獨立，過著自給自足的生活。不過，說到這個「中華蘇維埃」，因為鹽巴送不進去，當時維持得十分艱難。

另外，從「王小波．李順」和「方臘」等就可以看出，盜賊集團通常都被以頭目的名字稱之。比如說「方臘」，就是頭目個人的名字，同時也是這個集團的名稱。

這是因為盜賊集團一般都沒有一個正規的名字。取個像「太平天國」、「山東建國自治軍」那樣好聽的名字是極其罕見的，純屬例外。但是，要是沒有一個稱呼的話，畢竟不方便，所以大家就用頭目的名字來稱呼了。

中國共產黨的軍隊等，雖然給自己取了一個很好聽的名字叫作「工農紅軍」（工人與農民的紅色軍隊），一般人還是以「毛澤東」、「朱毛」等頭目的名字稱之。

「朱毛」的「朱」是朱德。所以，「朱毛」就是指「朱德、毛澤東」。中國話的「朱毛」與「豬毛」同音。中國豬的體型比較類似日本的山豬，全身長滿了黝黑粗糙的毛，所以，據說當時的一般中國老百姓，一聽到「朱毛」，以為這些人全身長滿了粗糙的黑毛，是個令人望而生畏的盜賊集團。

如上所述，集團是以個人的名字稱呼的。所以，在過去，中國人一聽說「毛澤東來了」就發抖，並不是指毛澤東個人大步流星地走過來，而是指共產黨軍隊如同怒濤般席捲而來。他們聽說毛澤東一來，富人和地主都會被殺死，女人可能成為共有財產，所以都害怕得發抖。

言歸正傳。

像那樣盜賊占據一個地方的事十分常見。有最終攻下京城奪取天下的，其中有好不容易奪得了天下，卻很快又失去的，如唐末的黃巢，還有明末的李自成等。一直長年延續下去的，有漢朝和明朝。漢朝持續了四百年，明朝持續了將近三百年。漢朝的開國君主劉邦，就是個出身地痞流氓的盜賊。明朝的開國君主朱元璋則是個出身乞丐的盜賊。

當盜賊宣布建立一個新王朝的時候，

一、頭目會就任王位或者皇位；

二、立國號（國家的名稱）；

三、建年號；

四、製作獨自的官曆（正朔）；
五、任命文武百官，組織政府。

並不是攻下京城、奪得天下的盜賊才這麼做。只要占據一定大小的地區，盜賊們就會建立一個王朝。當然他們有心奪取天下，但首先他們會宣布成立一個與現有王朝對抗的政權。製作官曆與任命文武百官比較麻煩，有時就先暫緩實施，但頭目就任皇位、立國號、建年號，都是些輕而易舉的事，所以，他們通常很輕易地就這麼做。

勝者為官兵

比如說上述宋朝三大盜賊之中的李順，在占領了蜀（現在的四川省）的最大城市成都以後，就建立了「大蜀」。李順自命為「大蜀王」，以「應運」為年號，並任命了文官中最高位的中書令，和武官中最高位的樞密使，及其下的文武百官。

接下來的方臘，國號不明，但他自命為「聖公」，以「永樂」為年號，並任命了文武百官。

再來的鐘相，則建立了「楚」，自命為「楚王」，年號「天載」。

但是，自己建立王朝和被承認為歷史性的王朝，當然是兩回事。

比如說，元末的朱元璋，他作為盜賊的首領，推翻元朝，建立「大明帝國」後稱帝。他的王朝後來被承認為歷史性的政權。

然而，在其三百年後的，同為盜賊首領的李自成，同樣推翻了明朝，建立「大順帝國」後稱帝，卻不為歷史所承認。而被認為是盜賊擅自稱帝。

說到他們之間有什麼不同之處，那就是明朝後來持續了很長一段時間，而大順則沒過多久就滅亡了。

那麼，是由誰來決定一個王朝是否為歷史性的王朝呢？那就是「正史」。

所謂的正史，就是每個王朝就前一個朝代的歷史編寫的官撰史書。官撰就是朝廷的著作。

這是一千多年來的慣例。在一定程度上獲得了安定的王朝，朝廷就會聚集眾多學者來編纂前朝的歷史。這麼寫出來的歷史書被稱為「正史」。《宋史》、《遼史》、《金史》、《元史》、《明史》等就屬於這一類。

有些人一聽到「正史」，就以為這是值得信賴的、記述著正確史實的歷史書，以為只要正史上記載的就肯定沒錯，其實，這是嚴重的誤解。正史的「正」字，是「政府著作」的意思，而不是「正確」的意思。正史上的不正確記述，實際上多如牛毛。

在正史的「本紀」部分被記載的，就是歷史上被承認的王朝（或者皇帝）了。那以外的就全都是擅自稱王了。

那麼，究竟什麼樣的王朝才會被記載在「本紀」上呢？那就是獲得前朝禪讓的王朝，或者是強盛而長期存續的王朝。

接受前朝的讓位稱作「禪讓」。這和禪宗的儀式沒有關係。「禪」是「傳承」的意思。「禪讓」被認為是一種非常高尚的做法。眾所周知，三國時代的魏，就是接受了大漢帝國最後的皇帝——獻帝——的讓位而建國的。

以暴力奪位，稱作「放伐」。這是一種粗暴的方式。

什麼人用暴力奪位呢？

一是王朝中有實力的武將。唐朝和宋朝都是這麼建立的。魏在實際上也是如此，只是表面上通過「禪讓」這種高尚的形式而已。

另一是外族。元朝和清朝都是外族入侵後建立的。

再一個就是盜賊了。

不論是禪讓還是放伐，新王朝的成立被稱為「革命」。有些人可能以為革命是一個新名詞，但其實早在二千多年以前就有了。中國人只要一聽到革命就熱血沸騰，所以，盜賊也就不斷呼喊「革命！革命！」了。

以暴力方式建立的王朝之中，強盛而長期存續的王朝被記載在正史的本紀上，而衰弱的沒有多久就滅亡了的王朝則被當作盜賊處理。所以，簡而言之，到頭來還是「勝者為王，敗者為寇」。

由「匪」變為「官」

中華人民共和國是中國歷史上繼漢、明之後的強大盜賊王朝。

當然，建立中華人民共和國的中國共產黨，從一開始就是一個以奪取政權為目的的集團，因此，其奪得政權以前的活動也與過去的盜賊有許多相異之處，而且到最後也沒有稱自己的政權為王朝，然而，共產黨的革命，如果放在中國的歷史當中來看，其實也和朱元璋、李自成一樣，是由一個盜賊集團逐漸壯大，最終奪得政權。把這一過程如此理解的話比較容易，這也比把它看成無產階級革命要合理得多。

比如說，中國共產黨的軍隊，根據毛澤東的戰略方針，在省的交界地帶山區裡或農村地區，建立根據地，被官兵追擊的時候，就流竄到各地進行游擊戰，然後在勢力壯大到一定程度之後，就攻擊城市，展開掠奪。採取的手段和歷史上的盜賊完全沒有兩樣。如果說是無產階級革命，照理來說，無產階級是大量出現在城市裡的，那麼，革命應該在城市——即國家的心臟地帶——蜂起才對。然而，其實在當時的中國，根本就沒有任何興起無產階級革命的條件。

因此，一九二七年毛澤東組織的中國共產黨軍隊，應該被置於中國歷史上的盜賊之列。那是一個信仰馬克思主義，由不平知識分子所主導的，標榜站在農民一邊的一大盜賊集團。

正因為如此，在奪得政權之前，這一集團被當作盜賊對待，被稱為「共匪」、「紅匪」、「毛匪」、「朱毛」等。

當「毛匪」奪得天下，成為「官」以後，迄今為止的「官」——國民黨——就降格為「蔣匪」了。然後，正義的共產黨對抗邪惡的國民黨，並將之打敗，這一過程被製作成「歷史」。之後，這一歷史被大量地不斷重複再重複地灌輸到國民的腦子裡。

所以，到現在當然還有不少中國人，甚至有日本人，相信共產黨戰勝國民黨是正義戰勝不義，是人民的戰友戰勝人民的敵人，因此，認為這是必然出現的歷史的進步。

實際上，正如同我過去已經重複說了幾十遍那樣，這只不過是一個集團打敗在位的當權者，並取而代之，新面孔坐上權力的寶座，如此而已。

從「盜賊」到「正義的鬥爭」

毛澤東於一九三九年，在為黨員教育製作的教科書《中國革命與中國共產黨》中，有如下的陳述：

地主階級對於農民的殘酷的經濟剝削和政治壓迫，迫使農民多次地舉行起義，以反抗地主階級的統治。從秦朝的陳勝、吳廣、項羽、劉邦起，中經漢朝的新市、平林、赤眉、銅馬和黃巾，隋朝的李密、竇建德，唐朝的王仙芝、黃巢，宋朝的宋江、方臘，元朝的朱元璋，明朝的李自成，直至清朝的太平天國，總計大小數百次的起義，都是農民的反抗運動，都是農民的革命戰爭。中國歷史上的農民起義和農民戰爭的規模之大，是世界歷史上所僅見的。在中國封建社會裡，只有這種農民的階級鬥爭、農民的起義和農民的戰爭，才是歷史發展的真正動力。

毛澤東所列舉的陳勝、吳廣，以至太平天國，在過去的中國都被稱為「盜賊」。而毛澤東卻稱之為「農民的起義」與「農民的革命戰爭」。

鑑於此，一九四九年中華人民共和國建國後，中國完全廢除了「盜賊」這一名稱，不僅只是對上述的這些盜賊集團，歷史上所有的盜賊造反都被稱作「農民起義」。「起義」，是「正義的武裝蜂起」、「正義的武裝鬥爭」的意思。所以，這麼說起來，歷史上的盜賊的所作所為就都成為正義的了。

這實在是非常粗暴的改稱。說盜賊全部都是正義的，根本毫無道理。

當然，歷史上的盜賊之中，有像太平天國那樣的，說要在地上實現神的天國，至少喊出來的口號還算是正義的口號的盜賊。但是，占壓倒性多數的都是些山賊野盜之輩，他們殘害無辜善良百姓的例子，史上有無數的明證。

但要劃分這成千上萬的盜賊，哪個是正義，哪個又是不正義的，是非常困難的，不，應該說根本是不可能的。不論喊著多麼好聽口號的盜賊，實際上還是進行了掠奪、放火、殺戮，所以，要是嚴密地說起來，堪稱為正義的盜賊，一個也沒有。

何謂「農民」？

接下來說「農民起義」的「農民」也是不恰當的。

確實，大多數的盜賊都在農村地區出沒。中國八成以上的人口都居住在農村地區，所以這是理所當然的。但是，農村地區的人並不等於農民。成為盜賊的，是那些失業者、無法謀生的傢伙，絕不是一般的農民。而且加入盜賊集團後，幹的就是盜賊的勾當，那就更加算不上是農民了。

另外，盜賊並不特別代表農民的利益。不僅如此，盜賊糟蹋農田，奪走農作物，強搶婦女，反而令農民們痛苦萬分。

確實在大盜賊中也有打著「耕者均田」旗號的。但光有這個旗號，對農民一點兒好處也沒有。其實，在歷史上，最熱心提倡「耕者均田」政策，並嘗試實施的，是歷代的皇帝、大臣和官僚們。但任誰也不會因此就說「歷代的皇帝、大臣、官僚代表了農民的利益」。

所以說，不論是從出身還是從利益的代表上來看，稱盜賊為「農民」，都是完全不符事實的。

其實，這個「農民起義」的「農民」，並非共產黨觀察歷史上的盜賊而得出來的，而是從理論當中推論出來的。根據馬克思主義的論點，人類的歷史，無論是在地球上的任何地方，都是循著原始共產制、奴隸制、封建制、資本主義、社會主義各個階段，按順序發展的。將中國的歷史對照這一理論，從大約西元前五百年起，到二十世紀初為止的二千五百年左右是封建制的階段。也就是說，我們一般說的中國歷史，基本上全歸屬於封建時代。根據馬克思主義的理論，封建時代的被統治階級是農民。不管是在哪個階段，抗爭的正義永遠屬於被統治階級，因此在封建制時代進行正義抗爭行動的一定是農民。

「農民起義」是「歷史發展的動力」，這樣的說法也是值得懷疑的。「發展」，照理來說應該是邁入另一個階段。盜賊，小的糟蹋農村，大的占領城市，特大的奪取天下，並沒有任何特別促進歷史發展的跡象，只不過是類似的故事在過去二千年中不斷地重演而已。

翻譯的問題

另外，中國說的「農民起義」，日本有人將之譯為「農民一揆」，我認為那是不對的。

「農民起義」和「農民一揆」完全是兩回事。農民一揆是指，正在從事農耕工作的人們，為了提出減輕年貢等短期要求，而集結群眾組成的臨時性武裝團夥，只要達到目的，就回去耕作。而「農民起義」則是盜賊造反，參與者是恆久的、職業的武裝集團。

也有人譯為「民眾叛亂」或者「農民叛亂」，但我認為都不適當。「叛亂」是指對權力的反抗、挑戰。但實際上壓倒性多數的盜賊是無意和權力者對抗的。他們專挑弱者襲擊，並極力避免和當權者發生不必要的衝突。特別大規模的盜賊會挑戰權力，但是到了那樣的規模，就已經算是相當大的專業軍隊了，老早已經超出一般人所想像的「民眾」、「農民」的範圍了。

也有人譯為「民間武裝」。我想他的意思是指，在權力以外持有武器的集團，但我認為日語根本沒有這樣的說法。難道，佩帶著匕首的地痞流氓和攜帶手槍的現代黑道分子，也能稱作「民間武裝」嗎？

其實，本來就沒有必要中國有人說出「農民起義」，日本就非得想出一個相稱的日語辭彙來。就像是，相當於中國的「盜賊」這個概念，原本在日本就沒有，這是沒辦法的事。所以，我才決定直接採用「盜賊」一詞。

一、盜賊皇帝的鼻祖——陳勝、劉邦

盜跖——盜賊傳說的起源

中國盜賊的鼻祖是一個名叫盜跖的男子。大家可以在《孟子》、《荀子》、《莊子》、《韓非子》等許多書中見到這個名字。但是，大部分的時候，這個名字的出現都只是被用來比喻壞人。《莊子》寫得最詳細，其中一篇的篇名就叫作「盜跖」。

《莊子．盜跖篇》首先簡單地介紹了盜跖這號人物，說他是孔子的朋友柳下惠的弟弟，「從卒九千人，橫行天下，侵暴諸侯。穴室樞戶，驅人牛馬，取人婦女。貪得忘親，不顧父母兄弟，不祭先祖。所過之邑，大國守城，小國入保，萬民苦之」。孔子為了讓他改頭換面，前去見他，結果沒想到盜跖這人辯才無礙，在孔子面前高談闊論。孔子被他說得啞口無言，最後灰溜溜地告退。《莊子．盜跖篇》的內容，十之八九都是他對孔子的高談闊論。

這當然是《莊子》最擅長的寓言故事，現在沒有任何人會認為它是真的，不，應該說，過去也從來沒有人認為它是真的。

盜跖究竟是什麼時代的人物，也沒有人知道。《史記·伯夷列傳》當中有這麼一段記述：「盜跖日殺不辜，肝人之肉，暴戾恣睢，聚黨數千人，橫行天下，竟以壽終。」唐代有一個叫張守節的人在一旁加了注說：「盜跖是黃帝時代一個大盜的名字。」這麼說來，那就是在非常遙遠的古代，也就是說，他其實是神話中的人物了。

盜跖的「跖」並不是名字，而是與「碩」相同，都是「大」的意思。[5]因此，也有人認為，「盜跖」原本就是意為「盜賊的老大」的一個普通名詞。

所以說起來，到底是不是真有過這個人也很難說。不過，也許他是在中國的戰國時代出現的，如同日本的熊坂長範和石川五右衛門那樣的傳說中的盜賊，因此，「盜跖」就成了大惡人的代名詞。

在今天的中國，他理所當然地被當成了一個實際上曾經存在的英雄人物。不只人名詞典中有記載，還曾有傳記出版，據說還留有他的相關遺跡呢！只不過不稱「盜跖」，而以「柳下跖」或單以「跖」稱之。畢竟他是現在政府的遠祖，名字中有「盜」這種不甚妥當的字眼，還是令人多有不安的。

在上述這些記載裡，他被指與孔子生活在同一個時代，他的事蹟被隨意摘自《莊子》和《史記》。只是，對於說他好食人肝，從事強盜行為，則以這些都是統治階級的史家們對人民英雄的莫須有污蔑，從而予以否定。「萬民苦之」也被修改為「受到萬民愛戴」。

另外，在這些共產中國的出版物中，盜跖，也就是柳下跖的活動，雖然也被稱為「起義」，卻不是「農民起義」，而是「奴隸起義」。那是因為，據馬克思主義的分類，孔子那個時代（春秋末期）屬於奴隸社會，人民是奴隸，因此，盜跖就是領導奴隸起義的領袖。他率領了拋棄枷鎖的九千名奴隸在各地打敗奴隸主貴族階級，另一方面以孔子為對象大大地展開理論鬥爭，給了孔子顏色看。

不管怎麼說，盜跖屬於中國盜賊史上的神話階段。到底是不是真有其人誰也不知道。

5 【編注】：「跖」之本意應為腳掌。

而實實在在曾活躍於歷史舞台上的大盜賊，則始於陳勝。

燕雀焉知

陳勝是帶頭對秦帝國造反的人物。陳勝和他手下的小弟吳廣，兩個人合作一同起兵造反，因此，一般都稱之為「陳勝吳廣之亂」。

再怎麼說起來這也是二千幾百年以前的事了，所以，陳勝這個人的詳細事蹟誰也不知道。史料中只有《史記》有關於他的記載，而他在歷史上出現的時間也僅有短短半年。

《史記》的記述清楚地分為前半和後半。前半是寫到開始造反為止，很像小說，讀起來很有意思，但其真實性不大靠得住。後半是從稱王後開始寫的，主要記述了軍隊移動到這兒、移動到那兒之類的事，看來應該是根據確實的紀錄寫出來的，但相較起來有意思的故事就少得多了。

《史記》裡記述了造反前的一個故事，這個故事非常著名。

陳勝是一個打零工的農民，也就是所謂的「傭農」。他沒有自己的土地，也沒有辦法佃耕，只能等別人有需要找他的時候，他才被僱傭去打零工，要是別人不找他，他就吃不上飯。一般來說像他這樣的人既沒有房子也沒有家人。魯迅的《阿Q正傳》，就戲劇化地描述了僱農的境遇。這些人，要不是去當兵，就是淪為盜賊。

一天，陳勝受僱在別人的田地裡幹活，突然間他放下鋤頭停止耕作，長聲歎息片刻後，對著同伴們說：「苟富貴，勿相忘（哪天富貴了，大夥可別忘了彼此）。」

同伴們聽了笑著回答說：「若為庸耕，何富貴也？（你給人當僱農，哪裡談得上富貴呢？）」

陳勝聽了之後，長歎一聲「嗟乎！」然後說道：「燕雀安知鴻鵠之志哉！」這句話非常有名。

燕雀是在隨處可見的樹枝上嘰嘰喳喳叫的小鳥，而鴻鵠則是在高遠的天空中翱翔的大鳥。這句話的意思就是說，「小人物是理解不了大人物的夢想的」。

這類故事都是「小說」，人一旦成了什麼了不起的人物以後，就會有人編造出一些他年輕時候的故事。就好像豐臣秀吉成名後，就有人給他編造出他年輕時，名字還叫作日吉丸的時代，在矢作橋上斥責蜂須賀小六的故事。（譯按：傳說豐臣秀吉年少時，在橋上睡覺被土匪蜂須賀小六踢到頭，於是斥責其無禮，兩人因而相識。）總而言之，「燕雀安知鴻鵠之志」這種話，絕不會出自於一個打零工的農民嘴裡。

起兵的名演說

陳勝出身於一個叫作陳的大城鎮近郊，據稱是在今天的河南省淮陽一帶。更久以前，在春秋時代，這個地方是一個叫作陳的國家。戰國時代以後變成楚國的領土，在秦始皇消滅楚國後，開始接受秦的統治。

《史記》上記載，「陳勝，字涉」。也就是說，他姓陳，名勝，然後還有一個慣稱叫作涉。

話雖這麼說，但事實不可能如此。因為打零工的老百姓沒有必要像文人那樣弄出兩個名字。想來，他原本的名字是叫「涉」，後來成為了不起的人物以後，才取了一個叫「勝」這樣聽起來比較強而有力的名字。他過去的夥伴們都喚他「涉」。

陳勝的「陳」，究竟是否真是他的姓，也很有問題。因為他是陳這個地方的人，所以，同伴們叫他「陳涉」，結果久而久之，陳就變成了他的姓，就好像「國定村的忠治」一樣。

秦始皇統一了天下，是個非常了不起的人物，但他一死，秦帝國就開始出現嚴重的動盪。陳勝揭竿而起，是在秦始皇死後一年，即西元前二〇九年。

這個起兵造反的過程，也很像小說，極富戲劇性。其中的故事說起來實在有如天方夜譚，在這裡簡略地介紹一下。

陳勝從軍後，被集合在大澤鄉這個地方。同時被招來的新兵共有九百人，在三名軍官的率領之下，準備一直奔著北方移動，前往今天的北京一帶駐守邊境。陳勝和吳廣被任命為「屯長」，負責新兵之間的協調工作。估計他們看起來可能比其他一般的新兵要機靈得多。從這個時候起，吳廣就成為陳勝手下的小弟了。

然而，大雨下個不停，道路中斷，他們一直無法出發，眼見著期限就要到來，據說按當時的規定，如果不能按時到達駐地，所有人就會被處以死刑。於是，陳勝和吳廣兩個人就商量：「誤了期是死，開小差被抓回來也是死，一樣是死，不如起來造反強。」於是他們殺了帶頭的軍官，率領著九百人起兵造反。

關於這一段，也有各種傳說。譬如說，他們把用紅字寫著「陳勝王」的白布條事先塞進新兵們吃的魚肚子裡，新兵們看到布條以後十分驚奇，以為這是上天的旨意。另外，到了夜裡，吳廣在小廟中燃起篝火，作狐鳴之聲叫道：「陳勝王，吭吭。」傳說他們就是用「魚腹丹書，篝火狐鳴」這樣的手段收買了人心。

揭竿而起之際，陳勝在士兵們面前發表的一番演說也是特別有名的。他說：「男子漢大丈夫不能白白去送死，死也要死得有個名堂。」然後，他留下了「王侯將相，寧有種乎？」這句名言，意思是，「王侯將相，不是天生的，都和我們一樣是人」，也就是說，「王侯將相換我們來當也可以」。

翻閱關於中國的大盜賊的有關記載，可以看到一種傾向，即他們起兵之際發表的高格調演說都被記述得很詳盡。比如說，北宋末年的方臘，原本就只是個漆農家的老頭子，可是看他的演說，從天下局勢開始講起，接著談到短期內的活動方針，思路清楚而且極富煽動性，水準完全不輸給列寧或者希特勒。想到當時參加起兵造反的人都在戰亂中被殺光了，竟然還能留下這麼詳盡的記述，真令人佩服。

中國最古老的書籍《尚書》，記載了商（殷）的湯王討伐夏的桀王，以及周的武王討伐殷的紂王等各種大戰爭的故事。但，令人感到不可思議的是，實際上，當中壓根兒沒有一點關於戰爭的記述，只有關於戰爭開始時的大演說的詳盡紀錄。所以，中國最古老的書籍《尚書》，其實是一本演說集。看來，中國似乎有很多人非常熱衷於虛構前人的演說。

所以說，陳勝那一篇非常民主、具革命性的演說，其真實性是完全靠不住的。

昔日的同袍

陳勝率領九百人起兵造反後，首先占領了大澤鄉，然後逐一占領鄰近其他城鎮。支持呼應的群眾愈來愈多，陳勝的軍隊在一轉眼之間就擴大了數倍，當他們攻下這個地區最大的城市——陳——的時候，軍隊的規模已經達到了數萬人。

這樣的發展也是理所當然的。因為這個地區原來是楚國的土地，在數年前楚被秦滅亡後，才轉而為秦的軍隊所占領。

今天我們看到的中國像是一個國家。但是在當時，秦和楚分別為不同的國家，原為楚國領土的這個地區，情況就好比被納粹德國占領的法國那樣。所以，當秦的權力核心——秦始皇——死後，國家開始陷入混亂狀態時，占領區這一帶的人心就開始躁動了。這就是為什麼當陳勝的游擊隊揭竿而起，當地的人們會立即踴躍參加，因為，對他們來說這是一種復舊運動。

當陳勝的造反軍抵達陳的時候，當地的官員早不知躲哪兒去了，因此陳勝他們很輕易地就占領了這座城市。當地的有力仕紳們聚集商議的結果，決定推舉陳勝為王。就這樣，在揭竿而起數天之後，陳勝就稱王建國，制定國號為「張楚」。「張」為「擴張」、「擴大」之意。

這時趕來參加陳勝軍的人當中有張耳和陳餘二人。這二人以前是魏國的貴族，在魏被消滅之後一直隱姓埋名，直到聽說陳勝起兵造反的消息後才出來。他們立即成為陳勝的參謀，但二人都反對陳勝稱王。他們認為，在秦滅了六個大國（魏國為其中之一）以後，各國的王族們在四處藏身，應該先讓這些人復興自己的國家，回歸各自的王位。最後陳勝還是不顧二人的反對而稱王，但從這裡就可以看出，試圖恢復舊秩序的勢力仍然相當龐大。

稱王前後可以說是陳勝人生的頂點，之後他就開始走下坡路了。其原因，《史記》說，是因為他失去了人心，昔日的同袍離他遠去所致。書中列舉了這樣一個小故事。

過去和陳勝一起當僱農打零工的夥伴，可能就是一個當年曾經聽過「燕雀安知鴻鵠之志哉！」的傢伙，來到了陳勝的宮殿前，說他想見「涉」。守衛見他是一個貧窮老百姓根本就不予理會，於是，他就在王宮大門外等陳勝的車出來，然後攔住車高喊「涉！涉！」陳勝一見是自己過去的夥伴，而且當時說過「苟富貴，勿相忘」的是自己，於是就讓他上車，把他帶回宮裡。這個小老百姓見了宮殿裡的種種豪華景象，不禁由衷地佩服說：「涉，你當上了王，真了不起啊！」——《史記》用了楚的方言非常生動地描寫了這一段。

此後，這個小老百姓就在宮中自由自在地行走，逢人就說起從前的涉如何如何。他雖然沒有惡意，卻嚴重地損害了王的威嚴。結果不久後陳勝就下令把這男子殺了。從此以後，昔日的同袍們就有如洪水退潮一般，不斷離陳勝遠去。最後，陳勝就被孤立了。

其實，不限於陳勝，下層的小人物一旦爬上高位掌握極大的權力，就會面臨不知如何與昔日夥伴相處的苦惱。法國導演雷內·克萊爾（René Clair）的電影《給我們自由》（*A*

Nous la Liberté）當中，原來是囚犯的主人公，在成為大公司的總經理後，不知道要如何應付過去監獄中夥伴們的來訪，於是最後決定拋下總經理的位子，回歸為一名流浪漢。不過，實際上在現實生活中，人們是不會那樣輕易就拋棄好不容易才到手的地位。毛澤東的夫人江青——二十世紀中國的皇后——曾陷害那些在她過去當小演員時熟悉的人們去坐牢，或者逼迫他們自殺，是大家都已經耳熟能詳的。

待會兒會提到，漢朝採用儒學為國學的理由。追根究底，其實是源於漢高祖劉邦為了對付他身為地痞流氓時代的夥伴們所採取的對策。

半年失天下

《史記》認為，失去值得信賴的夥伴，是陳勝失敗的原因。這是有道理的，但除此之外，還有一個重要的理由。那就是，軍隊規模膨脹太過迅速，導致全軍最後陷入失控狀態。

陳勝自己待在都城陳，派軍隊四處征戰討伐。他把規模最大的數十萬大軍交給一個名叫周文的將軍，讓他帶兵朝向西方秦的根據地進攻。這個周文原本是個算命師，說自己有自信能帶領軍隊，陳勝就把大軍交給了他，但這一大軍卻輕易地就被秦的大將章邯打敗了。其他的軍隊即便沒有數十萬人那樣大的規模，但有數不清的數千人規模的軍隊在各地作戰。一個在不久前還當僱農打零工的老百姓要想順利地操控這些軍隊，根本是不可能的事。

在這裡舉個例子說明陳勝的困境。陳勝派了一個名叫武臣的將軍，由張耳和陳餘任其參謀，往北方去攻打原來屬於趙國的土地。結果，打下趙以後，武臣竟然擅自稱趙王，與陳勝成為同級別。陳勝氣急敗壞，但還是強忍著怒火，要求武臣「帶兵攻打秦的根據地」。武臣完全不聽指揮，另外派出一個名叫韓廣的將軍，再往北攻打原來的燕國領地。結果，韓廣攻下燕以後，又在那兒擅自稱燕王。

起兵造反時擔任陳勝左右手的吳廣，被授予「假王」，即代理國王的地位，帶兵攻打具有重要戰略地位的城市滎陽。但是他完全沒有指揮能力，結果被手下的將軍們砍了頭，首級被送回都城。

無力統治，說的就是這樣的狀態。

結果，陳勝稱王後第六個月，即西元前二〇九年十二月，先前打敗算命師將軍周文的秦大將章邯率軍向陳進攻，陳勝在捨棄都城出逃的途中被自己的侍衛殺死。

中國最初的盜賊王陳勝，即陳涉，曾在短時間內君臨數十萬大軍，威風一時，但只不過半年的光景就失去了天下。

無名的鄉巴佬

在陳勝的造反半途夭折以後，最終打倒秦帝國的是後來建立漢朝的高祖劉邦。這個人，正是中國第一個盜賊皇帝。他由一個小盜賊集團的頭目崛起當上皇帝，打下前後長達四百年的大漢帝國江山的根基，在中國歷代皇帝中也算得上是一號超級大人物。

劉邦出生並成長於沛縣以西三十公里的一個叫作豐邑的村莊。以現在的地理位置來說，就是在徐州大約五十公里以北，江蘇、山東、河南、安徽四省的交界處一帶。這個地區在戰國時代屬於楚國的領土。

他的家裡似乎是務農的。姓劉。他在四兄弟中排行第三。但是，這個人，也許因為出身社會底層的緣故，他的很多個人基本資料都沒有確切的記載。首先弄不清楚的，是他的名字。這個人的名字一般稱為「邦」，和他的死對頭項羽剛好配成一對，眾所周知，書名為《項羽和劉邦》之類的書籍出了許多。但他的名字是不是真的叫「邦」，實際上誰也不知道。與這人相關的史料，基本上只有《史記》，還有後來把《史記》的內容做了一些修改的《漢書》。但是這二部書中，都沒有寫到他的名字。「邦」這個名字的出現，是在他本人死後四百年以後的事情（東漢末荀悅的《漢紀》）。

《史記》中記載，「姓為劉氏，字季」。《漢書》中則只有記載「姓為劉氏」。「字」是為了方便別人平時稱呼而使用的名字。但是，「季」僅只是「老么」的意思，應該算不上是「字」。據記載，高祖的大哥叫作「伯」，二哥叫作「仲」，其實，這也僅只是「第一個孩子」與「第二個孩子」，這樣的意思而已。

總而言之，這個人沒有名字。僅僅因為是家裡的老么，而被喚作「季」。像這樣，不特別取個什麼名字，而按兄弟排行來稱呼，在過去的中國農村是十分普遍的事。叫作「劉季」（劉家的老么）——就足夠了。

不過，說他是老么，可是又說他有個弟弟。這個弟弟到底是怎麼一回事兒也說不清楚。《史記》說，「為高祖的同母少弟」，《漢書》則說，「為同父少弟」。關於這一點，清代的學者趙翼進行了詳細的考證：「生弟弟的是繼母。事實上高祖有兩位母親」（《陔餘叢考》第五卷）。大致上就是這樣，可能因為他是生母生下的最後一個孩子，所以被稱為「老么」。

《史記》中對高祖的稱呼，隨著他的發跡過程，從「劉季」、「沛公」、「漢王」到「上」，依序不斷變化。司馬遷曾經特地到高祖出生的故鄉去實地調查，想來當地的人確實是稱高祖為「劉季」的。

那麼，「邦」這個名字又是從哪兒來的呢？

一位名叫項岱的學者說：「很可能是他當上皇帝以後才取的名字（引自唐司馬貞《史記索隱》）。當上皇帝以後，「名字叫老么」畢竟有損威嚴，雖說有點兒為時已晚，還是請人給取了個名字，這一可能性不小。「邦」乃是國家的意思，算是一個相當大器的名字。

總而言之，高祖這個人，確實是如字面那樣「無名」的微賤出身。

年齡也不詳

接下來弄不清楚的，還有他的年齡。《史記》和《漢書》裡，都沒有任何關於高祖年齡的記載。

這實在是一個很令人困擾的問題。因為，不知道年齡就很難想像這個人該是一個什麼形象。比如說，「鴻門宴」的時候，項羽二十七歲，而沛公（即高祖）是幾歲呢？不知道他的年齡，就很難領略當時的情景。

高祖死於西元前一九五年。關於他那個時候應該是幾歲，自古以來就有二種看法。

首先在這裡介紹一下。

一種看法說，高祖死的時候為六十二歲。

南朝宋的裴駰在《史記集解》中引述西晉的皇甫謐說：「高祖生於秦昭王五十一年，在位十二年，死於六十二歲。」皇甫謐是西元三世紀中期的人，寫了《帝王世紀》一書。裴駰可能是從那兒引述的。

《史記集解》還引述了東晉的徐廣的說法，指高祖揭竿而起時「時年四十八歲」。如果揭竿而起時是四十八歲的話，那麼，死的時候就是六十二歲了。徐廣是西元四世紀後期到五世紀初的人，寫了《史記音義》一書。裴駰引用了他的說法，從高祖揭竿而起時為四十八歲，得出死的時候為六十二歲，以上述這兩個記載為根據，支持了高祖死於六十二歲這一看法。

但是，徐廣有什麼根據說高祖是四十八歲的時候揭竿而起的呢？很有可能是從《帝王世紀》中倒算出來的。所以，裴駰的說法看似有兩個根據，其實只有一個。

一直往後到清代歷史學家梁玉繩的《史記志疑》也是支持六十二歲這一看法。他的根據是《太平御覽》第八十七卷（皇王部十二）中引用《史記》「四月甲辰，崩於長樂宮，時年六十二，在位十二年」。然而，《太平御覽》的這一記述，僅僅是把《史記》的本文和《集解》混為一談而已，並非另外發現了記載高祖崩年的《史記》副本。《御覽》只是對《史記》做了劣質的解讀罷了。

日本著名漢學家瀧川龜太郎博士在《史記會注考證》一書中也支持梁玉繩的六十二歲這一看法。

在今天的中國，六十二歲這一看法也占了優勢。人民出版社的《劉邦》，吳海林、李延沛編的《中國歷史人物生卒年表》，以及臺灣柏楊的《中國帝王皇后親王公主世系表》，都採用了六十二歲這一說法。

另外一個看法是，高祖死於五十三歲。

唐朝的顏師古在《漢書注》引用了臣瓚的「帝四十二歲即位，即位第十二年死去，壽五十三」。臣瓚這個人，名字叫瓚，可是姓什麼不知道。「臣」和日本的吉田茂首相自稱「臣茂」那個「臣」是同一個意思，並不是姓。他是西晉初期，也就是西元三世紀時的人。他似乎就是收集東漢時期的《漢書》的注釋，將之編輯成《漢書集解》的人。他在著作中詳記了西漢所有皇帝的歿年，顏師古採用了他的說法。

在顏師古以後，北宋司馬光的《資治通鑑》以及元代馬端臨的《文獻通考》，都採用了五十三歲這一說法。

最後搞了半天，出處不是皇甫謐就是臣瓚，採用何者的說法是後世史家各自的判斷，不過，皇甫謐和臣瓚都是在高祖死了四百年後才出生的人，他們到底有什麼根據說六十二歲和五十三歲，那就不得而知了。

臣瓚和皇甫謐的說法相差了九歲。以「鴻門宴」時的年紀來說的話，一個說法為四十二歲，另一個說法則為五十一歲。

四十二歲或者五十一歲這樣的年紀不能從我們今天的觀點來看。古時候的中國人老得快。四十幾歲就已經差不多即將邁入老年，到了五十歲就是個老頭子了，一般人都活不到那個歲數。比如說像皇帝那樣地位崇高的人，照理來說應該吃得好又比較會注意保養自己的身體，但西漢十五個皇帝中，活到五十歲以上的，除了高祖以外就只有武帝一人。東漢十四個皇帝中，也只有最初的光武帝和最後的獻帝二人而已。

因此，鴻門宴時的沛公，如果說是四十二歲的話，還能勉強算是壯年，五十一歲的話，在那個時代可能就是個蓄著白鬍鬚、彎腰駝背的老爺爺了。

究竟哪一個說法是正確的呢？實在讓人傷透腦筋。我來說說我是怎麼想的吧！

有一個名叫盧綰的人，深受高祖喜愛，和高祖同鄉，與高祖家是世交，而且和高祖同年同月同日生。要是能知道這個人的年齡就好辦了，可就是怎麼都找不著線索。

還有一個名叫王陵的人，也是高祖的同鄉。據稱，高祖還在沛縣一帶活動的時候，將其視為兄長。這麼說來，王陵應該比高祖大上二、三歲。他隨著高祖飛黃騰達，最後官拜右丞相。在高祖於西元前一九五年死去，他的兒子惠帝也在西元前一八八年死後的隔年，王陵因得罪高祖的未亡人呂太后而遭到革職，並於十年後死去。所以，如果按照高祖六十二歲死亡一說的話，王陵七十多歲時還擔任丞相，然後還一直活到八十多歲。這以當時的情況來看多少有些不自然。

我想也許連高祖自己也不知道自己正確的年齡，但即使是那樣，也應該能猜到個大概才對。所以，我比較傾向於認為他死於五十五歲前後。也就是說，相較之下我比較支持臣瓚的說法，因為這樣的話，上述那些不自然的部分就基本上不存在了。

大叔的起兵造反

高祖起兵是在西元前二〇九年，依臣瓚的說法，就是在高祖三十九歲的時候。那以後發生的事，似乎都有確實的紀錄，而《史記》就是根據那些紀錄而寫成的。

起兵造反以前高祖的事蹟，《史記》中也著墨不少，但基本上都是些虛構的內容。司馬遷說他走訪了高祖的故鄉沛縣豐邑，參觀了蕭何、曹參、樊噲、夏侯嬰等參加高祖起兵的人的家，並從樊噲的孫子那裡聽來了許多故事，但是，司馬遷訪問高祖故鄉時，已經是高祖當上皇帝八十多年以後的事，那時和高祖有過直接接觸的人一個也不在了。而小小的村子裡由於出現了史上罕見的大人物，因此散布著各種傳說。

——高祖為其母劉媼和蛟龍交合所生。

——他的左腿上生有七十二顆黑痣。

——他到秦的首都咸陽服役時，見到秦始皇，感慨道：「大丈夫當如是也！」

——他在路上斬殺了一條蛇，蛇的母親化為一個老婆婆哭著說：「我的兒子是白帝之子。現在，他被赤帝之子殺死了。」

——不管他到什麼地方，他的妻子呂后都能立刻找到他，因為高祖所到之處上空都會集結著雲氣。

這些故事也許當時司馬遷認為足以採信才記載於《史記》裡，但我想還是應該把它當作高祖當上皇帝以後人們虛構出來的傳說看待。

究竟起兵造反之前的高祖是一個什麼樣的人，我認為，從其他人，也就是那些在高祖起兵前和他有交流的人們，他們傳記中所敘述的內容還比較足以採信。這些包括〈楚元王世家〉、〈蕭相國世家〉、〈曹相國世家〉、〈絳侯周勃世家〉、〈盧綰傳〉、〈樊噲傳〉、〈滕公傳〉、〈周昌傳〉、〈任敖傳〉，以及《漢書》的〈高王傳〉、〈王陵傳〉等等。綜合這些傳記裡的內容，可以描繪出起兵造反前的高祖的形象。

——高祖是沛縣小鎮裡一個遊手好閒的人物，同時也是政府衙門裡的一名「吏」。

在縣的衙門裡，包括縣令在內，有少數人是由秦的中央政府派來的「官」，這些人負責統治整個縣。這些「官」會僱用地方上有權勢、聲望的人為「吏」，為他們包辦各種基層業務。

那麼，高祖這個「吏」是做什麼的呢？他是泗水這個「亭」的亭長，這個「亭」是一個什麼樣的單位，據顧炎武的詳細考證（《日知錄》第二十二卷「亭」），是個小鎮（或者村），也是來來往往官員的住宿地。亭長是鎮長（或者村長），負責當地的治安工作，也是官員住宿設施的管理人。據稱泗水亭位於沛縣以東百步之處，所以也可以說就是屬於沛縣的一部分。

後來加入起兵行列的高祖的部下們，大多是他在沛縣時同為「吏」的夥伴。

其中的蕭何，後來一直當到宰相，是一個很有本事的人，但其他的則多為車夫和獄卒等三教九流的人。從那個時候開始，「吏」已經不再是一般正派的人會去做的工作，通常是那些地痞流氓，或者社會的寄生蟲之類的傢伙，才受官員的僱傭去處理行政的基層業務。在吏以外，加入高祖起兵陣營的，還有編草席兼在葬禮上吹奏笛子的周勃、賣狗肉的樊噲等等。高祖就是這些人的頭頭兒。

雖說他是販夫走卒們的頭頭，但從他周圍人的傳記中看來，高祖並沒有給人一個粗暴的印象。相反的，他由於年長，所以比較老成，那些血氣方剛的傢伙都尊稱他為「大叔」。雖然身為亭長，《史記》的〈高祖本紀〉中說他「廷中吏無所不狎侮」。他非常平易近人，很容易就能輕鬆地跟人說笑談天打成一片。

秦始皇從生前就開始為自己建造巨大的陵墓，由全國各地召集徒役。高祖以亭長的身分，奉命負責押送沛縣的徒役們前往京城。可是半路上，徒役們一個接著一個地逃跑了，眼見這樣下去，抵達京城的時候可能就只剩下他自己，這個任務是完成不了了，於是，高祖買了酒與剩下的徒役們共飲，然後說「大家都逃走吧！我也要逃」。聽了這話以後，徒役中有十幾位壯士向高祖表示要跟隨著他，於是他們就一起逃到山裡，成為盜賊。不久後，高祖的手下就增加到近百人的規模。

從他周圍人的傳記裡，可以看到「高祖身為逃犯時」這樣的敘述不時出現，說的應該就是這個時期。另外，還有不管他去何處，頭頂上都飄蕩著雲氣，因此呂后隨時都能找著他，也是在這個時期。

此後，隨著秦始皇的死去，由陳勝起頭，各地開始出現叛亂，沛縣的縣令也順應時勢打出了反秦的旗號。

原因是這樣的：縣令是秦的中央政府派來的官員，如果作為後盾的秦沒有問題的話，縣令的地位也就能獲得確保。但是中央出現動盪不安的時候，周邊一旦群起叛亂，縣令就陷入孤立無援了。這樣的時候，反而和造反者站在一邊會比較安全。

這時，高祖手下身為縣吏的蕭何和曹參等人就向縣令獻策說：「您是一個外來者，造反的話地方人士恐怕不會跟進。應該召集出逃的本地人回來成為自己的友方，才是上策。」於是，縣令派人召集高祖回來，可是過沒多久，縣令又反悔感到不安，下令關閉城門不讓高祖回城。這時，沛縣裡有權勢的人們就把縣令殺了，然後迎高祖入城，並尊其為「沛公」。過去在楚的時代，縣的長官被稱為「公」，所以，他們以這個舊稱來稱呼高祖。

這個部分，《史記》中就蕭何、高祖，還有當地有權勢者的談話等都記載得十分詳細。但是，究竟有幾分真實性很難說。重點是，當沛縣也決定要造反時，身為秦政府官員的縣令沒有辦法挑起領頭的重任，於是，蕭何與當地仕紳就商議決定推舉高祖出來領導。

這就是西元前二〇九年高祖起兵造反的經過。可以說，他是被抬轎的眾人拱上轎子順勢揭竿而起的。

著名的鴻門宴

同一時期，過去的楚國名將項梁和他的姪兒項羽也起兵造反了。不管是論勢力還是論出身，盜賊起家的高祖都與之相去甚遠。於是，高祖率領了沛縣的數千名年輕人加入了項梁的麾下。

然而，不久項梁就在和秦的名將章邯作戰時敗戰身亡了。舊項梁軍於是被分為項羽軍和高祖軍兩支，分別向秦的首都咸陽進攻。

西元前二〇六年，在起兵造反後的第四年，高祖率軍進入了秦的根據地，消滅了延續十五年的秦帝國。不久後，項羽的軍隊也跟著抵達了秦的根據地。就在這裡，發生了著名的「鴻門宴」事件。

截至此時為止，反秦軍的總大將是項羽。高祖僅是他的一名部將。結果高祖竟然率先攻進了秦的大本營，消滅了秦帝國，對此，項羽感到極為憤怒，並準備攻擊高祖的軍營。這時的高祖軍隊是禁不起項羽軍的攻擊的。

於是這個時候，高祖來到了項羽位於鴻門的營地，一個勁兒地低頭道歉。公子哥兒出身的項羽心一軟就這麼被他說動，決定饒過他，並舉行一個晚宴加以款待，這就是「鴻門宴」了。

如同先前說過的，這時的項羽是個二十七歲的青年將軍，而高祖，一個說法是四十二歲，還有一個說法是五十一歲的老頭子。這個時候，似乎五十一歲這個說法又顯得比較有說服力。因為如果說他們的年齡之別真有如父子一般的話，那麼，高祖低頭求饒，殺人如麻的項羽確實就有可能動菩薩心腸了。

接下來，說到眾所周知的「鴻門宴」，其情節實在有如小說一般，或者應該說，流傳下來的，是具有高度戲劇性的「史實」：

——項羽的謀臣范增，命令項莊舞劍，伺機刺殺高祖。這時，項羽的叔父，實際上暗中和高祖互通聲氣的項伯也拔劍而起，說：「一個人舞劍沒什麼意思，還是讓我來陪陪你吧！」每當項莊的劍刺向高祖的時候，他就回劍保護高祖不受傷害。

——有危險！高祖的手下張良一見情況危急，立即通知在外面等候的原為狗肉販的樊噲。樊噲於是衝進宴席，對項羽怒目而視。項羽說：「真是一位壯士，賜給他一杯酒。」樊噲不僅毫不客氣地將酒一飲而盡，接著還對項羽進行了一頓說教。

——高祖趁亂藉口上廁所，就逃走了。高祖逃遠後，張良將帶來的禮品一雙玉斗贈與范增時，范增拔劍將玉斗砍破，憤憤地長聲歎息道：「項羽真是個無知小子，根本就不值得我和他共謀天下大事。將來奪取項王天下的人，一定就是沛公！」……等等。

很難相信如此戲劇性的情節的真實性。事實頂多是，聽說項羽發怒後，高祖前往致歉，項羽於是決定不計前嫌。我想整個「鴻門宴」細部的敘述應該都是虛構的。

但是，對古時候的人來說，那些就是「歷史」了。也就是說，對古代的人們而言，「歷史」就如同ＮＨＫ的歷史古裝劇一般，基本的架構是史實，但細節全都是虛構的。「歷史」靠著口耳相傳不斷傳承下來，在這個過程中漸漸地被更有趣地加油添醋了。其實加油添醋的部分是「故事」，拋去這一部分才是「歷史」，但古人並沒有這樣的觀念。

對古人來說，包括加油添醋的部分在內全部都是「歷史」，這就是《左傳》和《史記》等為什麼讀起來這麼有意思的原因了。

說到這一點，《史記》當中格外引人入勝的故事有伍子胥復仇和荊軻刺秦王，因為實在太有意思了，我想大概九成以上的內容都是虛構的。然而，司馬遷卻以當中有人性的熱情和執著的真實性，而毫不猶豫地將之採用為「歷史」。「鴻門宴」雖然不若伍子胥或荊軻的故事那樣錯綜複雜，但如同前面所述，司馬遷將之作為「歷史」華麗的一幕而予以採用。

試圖將「歷史」與「故事」分開的，大概是從寫第三部正史《三國志》的西晉陳壽（西元三世紀後半的人）開始的。《三國志》從頭到尾只有寫發生過的事實，著實是簡潔無比。但這完全不能滿足當時人們的需求。於是，為《三國志》加注的裴松之，把陳壽拋去的精彩小故事等大量地補充上去。（這裡順便提一句，在日本一般稱為《三國志》的，其實是正史《三國志》問世一千多年後才出版的小說《三國演義》的翻譯本，跟《三國志》完全不是一回事）。

唐代初期（西元七世紀），《晉書》完成後，社會上開始出現「小說太多了」的批評。會出現這樣的批評是因為大家已經有了共同的認識，覺得在歷史當中參雜了太多的故事不好。所以，從這點來看，陳壽實在是一個相當了不起的先驅者。

無情的父親

接下來，項羽和高祖就展開了長達四年的角逐。那是一場不可思議的戰爭，從個別的戰役來看，基本上贏的都是項羽，可是大勢卻不斷地朝著有利於高祖那一方傾斜。最後，在西元前二〇二年，項羽在垓下之戰敗仗後自盡，高祖於是建立了漢帝國並即位為皇帝。

為什麼會出現這樣的結局？說起來項羽的力量說強大確實很強大，但畢竟他太過於年輕。高祖的力量當然不如項羽那麼強大，也不特別聰明睿智，而且他的人格既不特別高尚，也並不特別有人情味，但不知道為什麼就是特別得人望。他似乎有能夠喚起別人「奮力助他一臂之力」意願的力量。如果這就叫作「有德之人」，那麼他應該可以算是個有德之人吧！

高祖這個人並不是一個對人講感情的人，即使是對他的家人也不講人情。

這是在西元前二〇三年四月，在彭城和項羽打仗，戰敗乘車逃跑時發生的事。背後敵人的追兵已經逼近，車子卻走不快，這時，高祖為了減輕車子的負擔，把和他共乘的兒子與女兒推下車。從沛縣時期就跟隨高祖的夏侯嬰趕緊跳下車把兩個孩子撿回來。可高祖又把他們推下去，夏侯嬰再把他們撿回來。就這樣反覆一丟一撿，一邊逃命。這個兒子在高祖死後繼任為第二代皇帝——惠帝，因此，夏侯嬰可說是惠帝的救命恩人。

另外，這是翌年項羽和高祖兩軍對峙時發生的事。項羽把前一年在作戰中擄獲的高祖父親放在一個大型砧板上，脅迫高祖：「如果不投降，就把你父親煮湯了。」

古代的中國是很粗暴的，把人拿來煮湯這樣的事並不是開玩笑的話。後來高祖也以將軍彭越叛變為由，將他殺了煮成湯分給眾將軍喝。

這個時候高祖一點兒也不驚慌，回答道：「你將我父親煮湯後，請分我喝一碗。」項羽於是放棄了殺他父親的念頭，我想項羽肯定明白他絕對不是虛張聲勢。

因此，高祖也許是個有德之人，但絕不是一個性情溫厚的人。他似乎只是很率直地不掩飾自己而已。

高祖特別討厭儒者，認為儒者不管做任何事都故弄玄虛，特別喜好誇張行事。當時的儒者們都戴著一種特別的帽子。據說，楚漢還在爭天下的時候，有儒者前來會晤，一本正經地開始說起客套話，高祖就會摘下他們的帽子，當著他們的面往帽子裡小便。

另外，這是他當上皇帝之後發生的事。從沛縣時期就跟隨著高祖的周昌，有事進入高祖的房間時，剛好遇見高祖正抱著愛妾戚夫人作樂。周昌大吃一驚倉皇逃出，高祖從後面追上來，把周昌壓倒在地，騎在他的背上勒著他的脖子說：「說！我是個什麼樣的主子？」周昌回答道：「陛下有如桀和紂。」高祖聽了以後大笑。夏的桀與商的紂，都是導致國家滅亡的兇惡暴君。

儒者的出頭

那樣的高祖，在當上皇帝後，開始苦於如何處置那些一起打天下的夥伴們。這些人畢竟都是些粗魯的人，而且知道皇帝再怎麼了不起，原本也和自己一樣為一介盜賊出身。他們不僅是知道而已，還明白地表現在臉上。

對於最厲害的韓信、黥布和彭越三人，可以故意挑他們毛病把他們殺了，但總不能把所有的部下全都殺光。於是，高祖只好依靠那些自己最討厭的禮儀規範專家——儒者——了。

儒家是什麼呢？簡單明瞭地說起來就是專管婚喪喜慶儀式的業者。

儒家最重「文」。「文」就是搞一些裝模作樣、沒有實用意義的裝飾。

衣服原本是人類為了避寒、防止害蟲或是被岩石刮傷而採取的保護措施。只要能滿足這些需要也就足夠了。這就叫作「質」（實質、實用）。但是，隨著人類生活的進步，就會覺得僅僅那樣是不夠的，而開始在衣服上面畫上圖案，搞一些裝飾。這就是「文」（圖案、裝飾）。儒家認為，人的生活如果只有「質」，就和禽獸沒有太大的差別。他們主張，人類因為有「文」才有資格作萬物之靈。

把死人埋葬，還是男人將女人據為己有，或者是男人們聚集在一起喝酒，原本都是些非常簡單的事，但儒家把這些事小題大作，故弄玄虛，弄成一套套繁雜的儀式，賦予莊重或者華麗的裝飾。其中，特別是祭祀很久以前就過世的人（祖先），這在實質上百分之百是「文」的儀式，是儒家最擅長的節目。在儒家看來，人們逐漸朝著融入具備「文」的生活變「化」，這就是「文化」了。

儒家的儀式十分複雜，一般人很難記住。這也是沒辦法的事，因為要是任什麼人都能輕易學會的話，儒者們的生意就不用做了。這和任什麼人都會唸經的話，和尚們就沒有立足之地是同樣的道理。

儒家的聖人孔子說「學而時習之」。「學」，是指從老師那兒學到儀式的大略程序。「時」是指「經常」。「習」是指「同樣的事反覆練習」、「不斷重複」的意思。特地受教卻不練習的話，就會遺忘，所以孔子要大家每天不斷練習，直到自己的身體完全記住為止。這和棒球選手每天練習接球千次，一聽到揮棒擊球的聲音，身體自然而然就知道朝著球的落點方向移動，是一個道理。

在戰亂的時代，萬事都只能祈求顧到「質」而已，因此，儒者們就算被小便在帽子裡，也只能暗自啜泣。但在天下太平以後，「文」的勢力就開始壯大起來，儒者們出頭的日子終於到來了。

大漢帝國的威儀

向十分頭痛於王朝統治的高祖建議採用儒家方式的，是位名叫叔孫通的儒者。

這個叔孫通是儒家的發源地魯國的人，但是他和大部分腦袋僵硬的儒者不同，是非常少見的機靈人物。他開始跟隨高祖，是高祖還在和項羽爭天下的時候，見高祖看到他穿的長長的儒服忍不住皺起眉頭，他就立即改穿短型的服裝。短服是士兵和盜賊才穿的服裝，高祖見後稱讚道「這傢伙雖為儒者，卻令人欽佩」，從此開始注意到他這個人。那樣輕薄的作為是傳統儒者所不屑的，但叔孫通確實洞察了時代的潮流。

剛開始追隨高祖時，叔孫通只有一百名左右的弟子。他的弟子們都期待他給自己謀個職，而叔孫通卻老是給高祖推薦盜賊和壯士。弟子們心有不平，他就告訴他們「等著，我不會忘記你們的」。

當叔孫通向高祖提出希望製作漢帝國的禮法時，高祖有點兒擔心，因為即便是皇帝，也必須遵守禮法。高祖答應了，但提醒他說「盡可能簡單化，至少是要我能記住的程度」。

叔孫通研究出了一套將傳統做法大幅簡樸化的禮儀，從故鄉魯招來三十名夥伴，加上他引滿以待的一百多名弟子，在野外進行一個多月的反覆演練，並請高祖到現場視察。高祖看了以後，滿心歡喜地說，「像這樣的禮法，我也做得來」，隨即命令臣子們開始學習。

在當時，十月是每一年的開始，因此，最先展開的就是「十月之儀」，也就是新年的儀式。儀式依照叔孫通的設計依序進行，充滿了莊嚴肅穆的氣氛，一絲不亂，而且，皇帝被賦予與臣下隔絕的至高無上的地位，因此，高祖感動地說：「今日方知作為皇帝的高貴所在。」利用這個機會，叔孫通向高祖推薦了他的百名弟子，之後所有弟子都順利地得到了官位。

從此以後，宮中的各種活動和行為都遵循儒家的禮法。由一群流氓無賴建立的盜賊王朝，自此，成為上下秩序井然、充滿威嚴的大漢帝國。

二、坐上龍椅的乞丐和尚
——朱元璋

當盜賊起家

說到中國歷史上的兩大盜賊皇帝，一是漢高祖劉邦，另一就是明太祖朱元璋了。兩人都是尋常的百姓家庭出身，當上盜賊頭目，最後奪得天下成為皇帝，而且，一手建立的王朝都維繫了長達數百年之久。

漢高祖是到了一定年紀，在手下們的慫恿抬轎之下才成為盜賊的。明太祖卻不同，他是在二十五歲的時候自己下決心「要從當盜賊起家」，而隻身一人投到大盜賊郭子興旗下的。

太祖於元文宗天曆元年（一三二八年），出生在濠州鍾離之東鄉（今安徽省北部鳳陽）附近的農村。但他家並非世世代代都在當地生活的農民，而是輾轉各地，直到他父親那一代才在那裡落腳的流民。

太祖為四男二女六個兄弟姐妹的老么，名字叫重八。大哥叫重四，二哥叫重六，排行在他上面的哥哥叫重七，太祖叫重八，與其說是名字，不如說是個號碼。

為什麼從四開始排起，然後又跳過五，那是因為太祖的父親有兄長，排行就和伯父的兒子們（即太祖的堂兄們）合算在一起了。把父親一方的堂兄弟都視為親兄弟對待，是過去中國人的習慣。伯父那邊先生了三個兒子，所以取名重一、重二、重三，接著出生的是這邊的重四，那邊的老么重五，然後這邊的六、七、八。

元璋，這一氣派而有學問一點兒也不像農民的名字，是他後來飛黃騰達以後才取的。太祖不僅為他自己，還為他的哥哥們、姐姐的孩子們，甚至為他的父親，都取了氣派的新名字。

他父親的本名叫作五四。這是出生的時候，父母雙方年齡加起來為五十四的意思。伯父的名字叫作五一。在當時一般老百姓的命名法中，好像這種方法是最為普遍的。只要會加法就能取個名字，而且一看數目大小就立即知道誰是弟弟誰是哥哥，非常方便。

太祖後來為他父親取的名字叫作世珍。

順便提一句，一直與太祖爭天下到最後的張士誠，本名叫作九四，一看就知道是父母年紀相當大的時候才生的孩子。士誠，是他稱王以後才請學者取的。除此之外，當時有名的大盜賊的名字，如徐壽輝還有陳友諒等等，這些氣派而有學問的名字，都是這麼來的。

「太祖」，是死後的廟號（祭祀皇帝的廟的廟名），但後世一般都以此名稱呼這個人。

太祖十七歲那一年，故鄉遭逢饑荒和傳染病侵襲，不到幾個月的時間，父、母、大哥都相繼死去，他的二哥、三哥也無力撫養他，於是他就到附近的寺廟出家當小和尚。書上一般都寫了這座廟宇叫作皇覺寺，但這也是後來太祖當上皇帝以後才改的名，原本叫什麼名字就不得而知了。

一般的寺廟都擁有田地，平時是不愁沒吃的。但這年的饑荒實在太嚴重，因此太祖只在這座廟裡待了五十天左右，就和其他僧侶們一道出門托缽了。托缽說起來好聽，實際上就是出去要飯。太祖被稱為「乞丐和尚出身的皇帝」就是基於這個原因。

過了幾年，形勢逐漸好轉後，太祖又回到廟裡繼續修行當和尚，直到元至正十二年（一三五二年），他二十五歲的時候，戰亂把寺廟燒毀，他才結束和尚生涯，投身成為當時大盜賊之一的郭子興的手下。

和尚情結

上述這些太祖二十五歲以前的經歷，都是後來他當上皇帝以後本人的回憶，除此之外沒有任何其他材料，所以究竟實情為何誰也不知道。據他的回憶（在《紀夢》這篇文章裡保存了下來），在寺廟燒毀後，他沒了去處，就想，此後是加入官兵的行列好呢，還是成為盜賊的手下，抑或是這麼繼續待在廟裡想辦法，為此他感到十分苦惱，於是為自己卜了一卦（投擲兩枚硬幣那樣的東西，以兩面朝上、兩面朝下，或者一面朝上一面朝下來決定，是一種非常簡易的占卜方法，不太像和尚所為）。文章中對這次占卜的原委寫得特別詳細，但有關截至此時為止的生活狀況，從結束托缽行腳回到廟裡這五年左右的時間裡，是否安分地讀經，這類的事一點兒都沒有提到。

不過，太祖年輕的時候當過和尚，這件事是錯不了的。而且，終其一生，太祖都為自己曾經當過和尚這件事抱有很深的情結。因為在當時的中國，和尚是一種被人瞧不起的職業。雖然太祖是一個擁有奪取天下雄心壯志和度量的人物，卻絕對不能容忍那些說他是「和尚出身」的人。

後來在當上皇帝以後，他的這種心病更為變本加厲。當然沒有任何人敢在他面前提起，但就算只是話裡帶有一點蛛絲馬跡也會引起他的過敏反應。

皇帝每天都必須批閱很多奏摺，太祖自己不善閱讀，就讓祕書唸給他聽，奏摺中只要有讓他聯想到和尚的辭彙，他就會極其憤怒地把寫奏摺的官員處以死刑。

不是看到文字，而是只聽發音就下判斷，這麻煩可大了。說到「僧」不行，那是理所當然的，但就連和它發音接近的「生」也不行。而太祖最討厭的字眼莫過於「禿」和「光」了。因為，「禿」是指和尚的頭，「光」是指油亮亮地發光的意思。這「禿」倒是不常見於文件中，但「光」則是常用字，這就不得不特別當心了。有一回，杭州府學的一位先生為歌頌太祖聖德而獻上賀表，卻因當中寫了「光天之下，天生聖人」，立即就被判了死刑。

另外還有一次，某縣學的一位先生在文章中用了「取法」二字，也被判處死刑。「取法」的意思是「採用正確規範」，本來不應該有任何問題的，但偏偏聽在太祖的耳朵裡，「取法」聽起來像「去髮」（將頭髮剃掉）。

上述這些都是趙翼在《二十二史箚記》第三十二卷中引述《朝野異聞錄》一書的內容，當中評說「明祖，學問不深，往往因對人的用字心生猜疑，而誤殺許多人」。

魯迅的《阿Q正傳》中說，阿Q是個禿子，只要別人一提到「光」、「亮」、「燈」、「燭」等字眼，他就會滿頭通紅，大發脾氣。看來，魯迅很可能就是從這《二十二史箚記》的記述當中得到的靈感。

太祖在取得天下以後，定國號為「明」。這個「明」，待會兒會說到是取自明王的「明」，但難道他對這個字不介意嗎？「光明」的明和「光」，照理來說意思是十分接近的。

天下大亂

元朝維持了近百年的時間，但最後的二十多年都是處於大混亂的狀態之中。

元建都於大都（今北京），當時中國整體的重心在相當大的程度上傾向北方。因此，中國的北半部基本上處於朝廷的號令管轄之下，但距離京城遙遠的南半部，則為群雄割據的局面。這個時期正好也是日本的戰國時代，由武田、今川和織田等幾大勢力分足鼎立。不過日本的武田信玄和織田信長都算是相當有來頭的人物，這和中國的情況大不相同，在中國，戰亂中的群雄皆為盜賊也。

明太祖朱元璋也是作為那群盜賊的一份子竄升起來的，而且，他還是最為後起的。太祖成為郭子興手下的時候，其他的盜賊已經擁有了相當大的勢力。

說到這裡必須先回溯一下當時的時代背景。

元朝末年動亂爆發的開端來自明教、彌勒教以及白蓮教等民間宗教。

明教原為摩尼教的一支，彌勒教和白蓮教則似乎是源於佛教的淨土宗，但是，到了元朝末年，這三者已經混為一氣，成為宣傳「天下大亂之後彌勒佛（或者明王）將出現來拯救世界」的一種民間信仰。天下大亂是實現烏托邦的前提，因此，他們的宣傳被朝廷視為危險思想。

掀起這一騷動的人物主要有二個。

一個是名叫彭瑩玉的和尚。至元四年（一三三八年），也就是太祖十一歲那年，彭瑩玉以他的弟子周子旺為頭，率領教徒五千人造反。他們讓教徒身穿背後寫著「佛」字的背心，宣傳說穿上那以後能刀槍不入，但立即就遭到了鎮壓，周子旺被殺，而做師父的則逃之夭夭了。

十三年後，也就是至正十一年（一三五一年），彭瑩玉又在蘄州（今湖北省）現身。這一次他擁立一個名叫徐壽輝的男子為皇帝。這個徐壽輝是一個賣布的行商，除了個頭很大以外沒任何特殊之處，但彭瑩玉說看到他光身涉水時背後發出了光芒，於是擁立他為皇帝，定國名為「天完」，年號為「治平」。

徐壽輝在九年後，即至正二十年（一三六〇年），被部下陳友諒殺害。陳友諒是個漁民子弟，能識些字，所以在投身盜賊之前當過縣吏。陳友諒篡位當上皇帝後，改國號為「大漢」。徐壽輝和陳友諒統治了今天的湖北、江西一帶共長達十幾年之久。這個陳友諒後來和朱元璋進行了底定天下大勢的湖上大決戰。

而那個擁立徐壽輝當皇帝的幕後黑手彭瑩玉和尚後來怎麼了呢？好像再沒聽說了。

他好像沒過多久以後就死了。

——我之所以可以很輕鬆地這麼說，那是因為我是一個外國人。但在革命後的中國，關係到這位元末農民革命最初期的領袖人物，那可就是個重大問題了。一位名叫吳晗的學者，在中華人民共和國建國前漫不經心地處理了這個問題，結果在建國後做了深刻的自我批判。

吳晗在建國前寫了一本名為《明太祖》的書，建國後將之改訂為《朱元璋傳》重新出版，他在自序中這麼寫道：

我寫《朱元璋傳》，前後經過二十年，寫了四次……第一、二個本子內容都有許多錯誤，有些地方甚至犯了嚴重的錯誤，例如以我自己當時的超階級思想來敘述堅強不屈的西系紅軍組織者彭瑩玉和尚，輕率地根據不充分的史料，以為他功成身退，讚歎不絕，認為革命是可以半途而廢，無須革命到底的。這個錯誤的觀點在到了解放區以後，在理論上得到了啟發，我承認了錯誤。第二年二月回到北京以後，發憤重新讀書，果然發現過去所沒有注意的史料，彭瑩玉是戰鬥到底，被元軍所殺的。

先是有了「革命家一定戰鬥到底」的「理論」，然後再配合這一理論去尋找史料，可想而知是件極不容易的工作。從他這麼極端的反省作為看來，對吳晗進行了「理論性啟發」的，很有可能就是毛澤東本人。毛澤東非常喜歡歷史，尤其對古代君王感興趣。因此他十分有可能在讀了《明太祖》以後接見吳晗。

最後吳晗還是沒有獲得毛澤東的信任，在寫下這篇序文的兩年後被殺害。不過原因不是《明太祖》，而是一部名為《海瑞罷官》的歷史戲曲。

在今天的研究之中，關於彭瑩玉的死依然眾說紛紜。孫正容的《朱元璋系年要錄》引用了《豫章漫抄》的記載：「至正十八年（一三六八年）被陳友諒殺害。」

紅巾軍

另一個帶頭造反的人名叫韓山童，出身於白蓮教類似教祖那樣地位的一個家族。他在劉福通、杜遵道等教徒的支持下，自稱是「宋徽宗皇帝的第八代孫」，於至正十一年造反，宣稱要推翻元朝，復興之前的宋朝。但不久就遭到官兵鎮壓，韓山童被殺。

劉福通等人逃到潁州（今安徽省），再度揭竿造反，頭上綁了紅色的頭巾為標記。這就是「紅巾軍」的開始。紅巾軍，也單稱作紅巾，或者紅軍，另外還因為白蓮教在祈禱的時候焚香，所以也稱作香軍。

幾個月後，在西邊造反的彭瑩玉、徐壽輝等人也在頭上綁上紅巾，於是劉福通等稱為東系紅巾軍，彭瑩玉等則稱為西系紅巾軍。

隔年，至正十二年二月，定遠這個城市（位於今安徽省）的大商人郭子興，和他的夥伴們一起開始呼應劉福通的行動，占領了附近的城市濠州。這個郭子興就是後來太祖的岳父。

郭子興是元末的大盜中少數從祖上繼承了家業的大財主，但他為人海派，喜歡江湖作風。傳記中說他「任俠，喜賓客」、「散家財結交豪傑」等等。「賓客」說起來就是他的食客和手下，而「豪傑」則是各地的遊手好閒之輩。

總而言之，他是一個黑社會老大式的人物。一遇上天下大亂，四處出現動盪，他就按捺不住了。他想，「好，我也來試試」，就這麼率眾起事了。

和郭子興一同帶頭造反的還有四個領頭人，但在占領濠州不久後，郭子興就和這四人反目了，因為他完全無法忍受有人不聽從自己的指揮。傳記中也說他「性剛直，難容人」，是個大少爺脾氣很強的人。

這個濠州就在朱元璋所待的寺廟附近。在郭子興等人占領濠州的兩個月後，朱元璋就隻身前往濠州，投入了郭子興的旗下。因此，他是直屬於郭子興的麾下，也就是東系紅巾軍的一員。

相貌兇惡的志願者

據說太祖這個人塊頭特別大，而且相貌十分兇惡。他的額頭向前突出，下巴也向前突出，鼻子很大，所以從側面看起來，好像一個倒側過來的「山」字。此外，他的眼珠子還向上吊，長相看起來十分嚇人。

那麼醜陋怪異的和尚一個人慢條斯理地走進濠州城時，負責城門警備的士兵們覺得他形跡可疑，立刻就將他逮住。就在士兵們的刺刀砍向他的時候，大頭目郭子興突然出現，把士兵們叫住，然後將太祖帶回自己的營地。據說，太祖的「狀貌奇偉、異於常人」，在士兵們看來覺得奇怪，但郭子興卻認為「是個有前途的傢伙」，一眼就看出他有別於一般人。

上述的故事都是各種史料根據太祖本身的回憶記載流傳下來的，但是關於太祖和郭子興的相遇那一段有被稍微誇大和戲劇化的可能，因為志願成為盜賊的人，如果僅僅由於相貌不善就被殺，那麼盜賊集團本身就根本不可能存在了。

不過，說郭子興非常喜歡太祖，這是確實無疑的。因為郭子興不僅立即提拔太祖為分隊長，還把自己的養女許配給他。據說郭子興有一位十分交好的朋友姓馬，這個朋友死後留有一女，他就把這個女孩當成自己親生女兒一般撫養長大。郭子興將她許配給太祖，她的年紀比太祖小四歲。這麼一來，太祖就成了大頭目的女婿，地位獲得了大大的提高。

這位夫人就是後來的馬皇后。據說她是一個相當了不起的人物。在當上皇后以後，還是親自照顧丈夫的飲食。太祖身為英雄豪傑當然也毫不例外地妻妾成群，但始終非常敬重馬皇后。馬皇后五十一歲時病死，但她生病的時候，不但沒有看醫生也沒有吃藥。因為，她擔心，看過醫生吃藥後，如果治好了沒事，但萬一沒治好而死去的話，太祖一定會遷怒醫生並將醫生處死。馬皇后去世之後，太祖還活了十六年，但再也沒有立新的皇后。

太祖二十四人眾

東系紅巾軍的一個部隊，在李二、趙均用、彭大等三個頭目的率領下，占領了位於濠州北面的大城市徐州。在太祖投身郭子興旗下大約半年後，這些人被官兵打敗，李二被殺，趙均用和彭大二人逃到濠州來。這兩人在盜賊中的輩分都要比郭子興還要大。

郭子興，已經和最初一塊兒帶頭造反的四人，尤其是和其中一個叫孫德崖的反目成仇，正覺無趣之際，還被逃來的這兩人爬到自己頭上，頓覺意氣消沉。在這樣的情況下，太祖認為一直待在濠州沒有發展，於是回到自己的故鄉集結了數百名年輕人，率領著這些人作為獨立部隊展開行動。

這數百人當中，太祖特別倚重的有二十四名年輕人。

後來太祖的勢力壯大後，各路英雄豪傑、謀士策士等都圍到他身邊，但其中的核心還是同鄉的這二十四人。

這二十四人當中排在最首位的是徐達，他比太祖小四歲，農民出身。他在二十二歲的時候成為太祖的手下，後來位列「開國第一功臣」，是一名非常優秀的武將。

不論是在爭奪天下之際，還是建立王朝以後，每遇重要戰爭，太祖總是任命徐達為主將。因為他不僅對太祖十分忠誠，而且還是一位非常有才能的將軍。他在建國後，受封為公爵。他死後，太祖對諸將們稱讚道：「受命而出，成功而旋，不矜不伐，婦女無所愛，財寶無所取，中正無疵，昭明乎日月，大將軍一人而已！」

說到徐達，就不能不提到他的名搭檔常遇春。

常遇春不是二十四人中的一人，而是比較晚才投入太祖旗下的，出身地也是在距離濠州不遠的懷遠。據說，他原本是一個名叫劉聚的小家子氣盜賊的手下，見頭目的氣量太小而出走。二十六歲那一年，一天，當他在田埂上睡覺的時候，睡夢中忽然看見一個披甲擁盾的神仙對他說「快快起來！你的主君來了！」他醒來抬頭一看，太祖一行人剛好從身邊路過，於是就投入了太祖的旗下。後來，成為僅次於徐達的將軍。

這個人非常會打仗，這一點甚至超過徐達。如果說徐達是沉著型的將軍，那常遇春就是個勇猛型的將軍。他是一個十分樂戰、好戰的人物，所以，每戰必勝。太祖也說：「當百萬眾，摧鋒陷堅，莫如副將軍。」

但是在洪武元年（一三六八年），常遇春在和徐達一道攻陷元的大都，並於翌年成功地追擊往北方逃亡的順帝（元朝最後一位皇帝）後，就在凱旋的途中病故了。享年四十歲。閱讀他的傳記時，想到一個那麼勇猛強悍的人怎麼如此輕易地就死了，實在讓人感到驚愕。沒來得及被論功行賞的他，死後被封為開平王，在功臣廟裡，排名僅次於徐達。

另外，在這個時期加入太祖陣營的還有一個太祖的同鄉李善長。這個人是名學者，也是太祖的第一號文人祕書。年齡比太祖大十四歲，成為太祖手下的時候已經超過四十歲了。他自己找上太祖，說「主公和漢高祖一樣是能得天下的人物」，太祖聽後大喜，以後就把他安排在自己身邊。李善長雖是個鄉下學者出身，卻相當有本事。

徐達、常遇春帶兵出發去打仗，李善長就在後方運籌帷幄，擬定戰略，安排後勤和財政事務。這個人是文方面的第一大功臣。他的角色就如同漢高祖手下的蕭何、張良，

《水滸傳》裡的吳用，和共產黨的周恩來。在建國後，他和徐達一同被封為公爵。

年輕的太祖，組織了上述能夠信賴的同鄉人加入自己的團隊，展開奪取天下的大業。

實力第一，排行第三

太祖在至正十四年（一三五四年）攻下徐州（位於江蘇省），翌年攻下和州（位於長江北岸）。這個時候的軍力已經達到數萬人。

此時郭子興死在和州。

事情的經過是這樣的：

太祖攻下和州後，孫德崖前來投靠。這個孫德崖就是和郭子興一起帶頭造反，可是後來關係鬧得很僵的那個人。這時郭子興也正好來到和州。於是一場騷動不可避免地發生了。

郭子興把孫德崖抓了起來，準備把他殺掉。孫德崖的手下得知後，就把太祖給抓了起來，說：「如果把我們的老大殺了，我們就殺死你們年輕的大將。」

所幸，此時郭子興還沒有殺死孫德崖。郭子興一邊喝著酒，一邊把孫德崖綁起來，用繩子捆住他的脖子，正準備慢慢地享受殺人的樂趣。

此時，來人傳話說太祖被抓了，郭子興不得已只好同意交換人質，釋放孫德崖。到了嘴邊的鴨子就這麼飛了。沮喪過度使得郭子興一下子意氣消沉，不久就死了。說起來真是千鈞一髮，如果郭子興更早一點殺死孫德崖的話，朱元璋也會被殺，之後也就沒有大明帝國了。

與此同一個時期，紅巾軍的創始者劉福通找出了教主韓山童的遺孤韓林兒，並擁立其為皇帝，定國號為「宋」，稱韓林兒為「小明王」。白蓮教（或者明教）宣稱「天下大亂之後，明王將出現拯救世界」。因為明王韓山童已經死去，於是就把他的兒子稱為「小明王」。

太祖的軍隊是紅巾軍的一部分，因此受這個小明王政權的管轄。小明王封郭子興的兒子郭天敘為「都元帥」（「都」是「總」的意思，也就是總司令），郭子興的妻弟張天祐為「右副元帥」，太祖為「左副元帥」。當時右要高於左，因此，太祖位列第三。本來這麼排行也是沒辦法的事，但掌握實權的太祖卻對此感到極為不滿。

禁止掠奪深得人心

太祖將下一個攻打的目標訂為集慶（南京），於是向南渡過長江，首先攻陷太平（今安徽省當塗）這個城市。

進入這個城市之前，太祖讓李善長準備了大量的「禁止掠奪」的布告，進城後立刻張貼在各地，同時還派出巡查隊。士兵們大吃一驚，一個士兵以為「不可能當真」，擅自進行掠奪，結果即刻就被斬首了。據說這麼一來，士兵們都嚇得再也不敢亂來了。

閱讀當時的書籍就會發現當中不時出現「子女玉帛」這個名詞。「子女」是指女人，「玉帛」是指財物。盜賊原本就是盡可能地占領富裕的城市，以取得「子女玉帛」為目的或者為消遣的集團。對一般的盜賊來說，有這些就足夠了，但這麼做的話，就拿不了天下。因為，要奪取天下，人心歸向是必不可少的。太祖在太平這個城市禁止掠奪，就表示他已經把目標設定得更高了。

當然，這麼一來，他們在太平的人氣就愈來愈旺，財主們紛紛集資獻上贊助金，而太祖把這些錢全部都分給了士兵。

此外，李習和陶安等享有盛名的學者率領著當地有力人士們出來迎接，稱讚道：「方今四海鼎沸，豪傑並爭，攻城奪邑，互相雄長。多數人的志向都在子女玉帛，圖一時的痛快，沒有撥亂救民安天下之心。將軍所為乃是順天應人。」他們立即加入太祖的陣營。太祖詢問陶安對今後應採取的戰略方針有何看法，陶安回答稱，應取南京，將之變成根據地。這正是太祖心中的標準答案，因此，這番話深得太祖的心。

在中國，知識分子是一個地方的地主，也是財主、有力人士，以及當地的意見領袖。要是沒有他們的支持，是不可能拿到天下的。就算拿到天下，天下也不會安定。因此，禁止掠奪的效果非常之好。

李習被任命為太平府的知事，但因已屆八十多歲高齡，沒多久就去世了。

陶安後來成為太祖有力的參謀，在建國那一年，五十九歲的時候病故。他也被封為公爵（據《明史》本傳記載。也有說法稱他死於洪武四年〔一三七一年〕）。

首都南京

太祖占領太平後不久，義兵元帥陳野先就率眾數萬進攻太平城。徐達出兵迎戰後，生擒了陳野先。主帥一被擒，全軍也就跟著投降了。陳野先與太祖共同立誓，成為太祖麾下的大將。

「官軍」一詞時常出現，但指的基本上都不是真正的朝廷軍隊。

如前所述，盜賊的目的在「子女玉帛」。而那些擁有子女玉帛的人也不能坐以待斃，於是就聯合起來組成自衛軍。朝廷給予他們「義兵」的稱號，認可他們為官軍。「義兵元帥」就是這種私設官軍的大將。

至正十五年（一三五五年）九月，太祖將大軍交由都元帥郭天敘、右副元帥張天祐，以及降將陳野先率領，朝著南京進攻。到達南京城外時，陳野先又叛變，把郭天敘和張天祐殺了。大軍慘敗。

如果以為太祖這麼厲害的人竟然會在這裡把事情搞砸，那就大錯特錯了。實情正好相反。

在這之前就有種種跡象顯示陳野先並不是打從心裡服從太祖的命令。攻打南京之前，太祖把陳野先叫來，對他說：「人各有志，你要順從元王朝還是順從我，那是你自己的決定，我不強迫你。」陳野先聽了以後發誓說，「絕對不會背叛」，然後帶著先遣部隊出發了。但結果他還是叛變了。

先前也曾提到過，太祖在自己的軍隊之中被放在第三把手這樣一個令其不悅的位置上，遲早得把站在他頭上的郭天敘和張天祐除掉。但，對太祖而言，郭天敘是岳父，同時也是大恩人郭子興的親生兒子，而張天祐則是郭子興的小舅子，實在很難直接下手。因此，就故意讓他們和陳野先一道攻打南京。結果，陳野先果然沒辜負了太祖的期待。任誰怎麼看，壞蛋都是叛變的陳野先，而非太祖。陳野先以為他鑽了太祖的空子，沒想到實際上卻正中了太祖的下懷。

在這場戰役之中太祖損失了二萬兵力，但這根本不在他眼下，因為士兵是想要多少就能招來多少的。一下子把這兩個眼中釘拔掉以後，太祖自然躍升為都元帥，也就是成為名副其實的第一把手了。要是連這種把戲都不會玩，是拿不了天下的。

陳野先以意外的方式成就了太祖的野心，但其他義兵元帥當中，也有真的成為太祖手下有力武將的。有個人叫陳茂才。他是個地主也是文人，為保鄉衛土而組織了義兵，多次擊退盜賊，而被朝廷任命為元帥。當太祖的大軍渡過長江時，他的義兵在對岸給予太祖的大軍迎頭痛擊，但在太祖攻下南京後，他的軍隊就連戰連敗，最後他帶著手下三千人向太祖投降。他來到太祖面前說道：「至今為止的作戰是由於我們各侍其主。」太祖笑著回答道：「我都明白。」他在成為太祖麾下的將軍後，四處征戰立功。洪武三年（一三七〇年），死於隨徐達討伐甘肅地方的歸途，享年五十七歲。獲贈公爵。

另外，郭子興還有一個兒子叫郭天爵，也是太祖的手下，但在至正十八年企圖謀反而被殺。對礙事的傢伙絕不手下留情，對有用的人則寬容相待，這是太祖的手法。

四名高級祕書

在攻下南京之後，太祖逐一收拾了周邊的城市。這是發生在拿下徽州（今安徽省歙縣）這個重要城市時發生的事。太祖訪問了一位名叫朱升的老學者，詢問他天下之計。朱升傳授給他「高築牆、廣積糧、緩稱王」這「九字之計」。這成為日後太祖戰略構想的基礎。

「高築牆」就是將城牆建造得更堅固，加強防備工作；「廣積糧」就是囤積儲備糧食，強化經濟基礎；而「緩稱王」，則是不要著急做皇帝。說起來好像沒什麼，就是些平凡的道理，但天下大計往往就是如此。

毛澤東似乎非常讚賞朱升的這個「九字之計」。一九七三年一月一日，他效法朱升，發出「深挖洞、廣積糧、不稱霸」的大號令。「深挖洞」是為了防備蘇聯的空襲而深掘防空洞，因為城牆抵擋不住轟炸，所以改為防空洞。「廣積糧」就直接沿用了朱升的話。「不稱霸」則是對朱升的「緩稱王」做了一點兒修改而已。

在此一大號令之下，全國所有的城市同時展開了巨大規模的防空洞挖掘工程。後來這些防空洞一直沒能派上什麼特別的用場，不利用的話實在太可惜，於是有些地方將這些防空洞改為地下小工廠或者舞廳。不過，話說回來，從這件事情也可以看出，毛澤東對中國歷史的研究要比對馬克思或者列寧思想的研究要深得多。

言歸正傳。

由南京的根據地出發向今天的浙江省方面一帶進攻時，四名高級知識分子受邀加入了太祖的陣營。他們是劉基、宋濂、章溢和葉琛。

太祖延攬到身邊的文人很多，但當中這四個人是特別了不起的大人物，太祖敬稱他們為「先生」，因此他們被稱為「四先生」。他們的聲望要比陶安等人還要高出許多。太祖欲任用這四人時，詢問了陶安的看法。陶安回答道：「臣謀略不如劉基，學問不如宋濂，治民之才不如章溢、葉琛。」

宋濂和劉基尤其是當時著名的大學者。

宋濂受任用時為五十一歲。他是太祖及其兒子們在學問上的老師，其擔任的職務相當於今天的教育部長，以學問為太祖效力。

劉基受任用時為五十歲。這個人是一個優秀的戰略家，後來擔任相當於太祖的參謀長那樣的職務。太祖一直稱劉基為「老先生」（「老」是最高級的敬稱）。據說，在研擬戰略時，太祖通常都是邀劉基一人進入自己的房裡，進行長時間密議的。

這些享有盛名的學者的加入，具有非常大的效果。不僅他們的能力直接發揮了作用，還由於知識分子之間，有聲望就意味著有影響力，因此，太祖的地位也跟著水漲船高，不再只是一個普通的盜賊頭目。

比較元末的朱元璋和明末的李自成，為何朱元璋成功，而李自成失敗時，常有人指出其差別就在於知識分子的加入與否。李自成失敗的主要原因是在於國際（明清）關係，這以後再詳談，但確實，知識分子是否加入，這一因素也是不能漠視的。

為何知識分子會集中到朱元璋的身邊來呢？

第一，太祖的根據地長江下游一帶，是中國學術文化的中心，原本學者文人就為數眾多。第二，本來要知識分子加入盜賊集團，他們內心是會有很大的抗拒感的，但由於太祖想要推翻的是蒙古人建立的元王朝，因此，以漢民族的復興為目標，就很容易博得知識分子們的認同和參與，至少要比加入李自成的抗拒感要小得多。

湖上決戰

那個時候，北方仍有元朝的朝廷，還有小明王的「大宋」在亳州（今河南省），而南方，則處於群雄割據的狀態。對南京的太祖而言，最危險的敵人是西方（長江上游）的陳友諒的「大漢」，和東方（長江下游）的張士誠的「大周」。如果這兩股勢力聯合起來進行夾擊的話，南京政權是保不住的。它也沒有力量同時向兩方面出兵。張士誠相對來說比較保守，因此劉基主張，應該先盡全力對抗較具侵略性的陳友諒，太祖對此也很贊成。

至正二十年閏五月，陳友諒率領載滿了數萬軍隊、超過一千艘以上的軍艦，攻打南京。這個時候，有人提出了從首都放棄論到投降論等各種意見，但劉基建議「將主張放棄和投降的人斬首示眾，徹底抗戰」，而且提出要「誘陳友諒的軍隊攻得更急」的奇策。因為如果他們進攻得太慢，後面張士誠的軍隊要是跟著進攻過來，就抵擋不住了。原為義兵元帥的康茂才派遣作為內應的密使到陳友諒陣營，對陳友諒展開誘敵深入的工作。陳友諒就這麼上當，下令加速進攻，結果遭伏兵襲擊而大敗。

翌年八月，太祖的大軍攻陷陳友諒的根據地江州（今江西省九江），陳友諒逃往武昌。

至正二十三年（一三六三年）七月到八月，雙方出動了數百艘船艦在鄱陽湖上進行最後決戰。陳友諒戰死，為時四年的戰爭終於結束。

張士誠的敗退

從經濟力量和軍事力量來看，本來最有機會奪得天下的應該是張士誠。

張士誠原本是個走私鹽販。鹽是生活必需品，或者甚至應該說，是人類維持生命的必需品，但在中國，只有在特定的一些地方才能取得鹽。只有沿海，以及內陸幾個產岩鹽的地方有鹽。鹽的原價是很低的。歷代的王朝都看到這一點，因此將鹽規定為政府專賣，以高於原價數十倍的價格出售。鹽的專賣利益構成歷代政府財政收入的一大部分。

這就造成了走私者出現的必然。因為即便以政府價格的一半甚至三分之一出售，仍然可以得到很大的利潤。政府當然對此嚴厲取締。走私者們於是形成組織和情報聯絡網與之對抗。這樣的組織，在王朝末期的混亂之中很輕易地就轉化為盜賊組織。有名的如唐朝末年的黃巢——曾一度占領首都長安並建立「大齊」帝國的大盜賊——就是走私鹽販。

張士誠是過去的白駒場（今江蘇省）一帶鹽產地出身的人。至正十三年（一三五三年），他和弟弟以及同伴們共同起事，占據了一個叫作高郵的城市後建國，定國號為「大周」，自命為「誠王」。之後，他們渡過長江，占領了長江下游一帶，以平江（蘇州）為國都就待下來了。（說到這個國號，一個國家對外稱自己時，通常在正式國號上加一個「大」字。「周」自稱為「大周」，就如同「唐」自稱為「大唐」，「明」自稱為「大明」一樣。這並不僅限於中國。二戰前的日本，正式國名也叫作「大日本帝國」。就是到今天，韓國也還叫作「大韓民國」，英國也自稱「大」不列顛（Great Britain）呢！）

長江流域一帶，也就是江南地區，自古至今都是中國文化的中心，物產豐富，生活水準高，因此，學術與文化藝術都十分興盛，學者文人眾多。

張士誠占據的就是這麼一個全中國最令人垂涎的地方。他也對之感到十分滿足，因此，對周邊地區他還會進行擴張，但是對於率兵向北方出擊，推翻元朝奪取天下這些麻煩的事兒，他就沒考慮過了。這就是為什麼《明史》評說他「似有器量，實無大志」。而且，他還曾經一度接受元朝廷授予的「太尉」官職，並把江南的大米沿海路送往北京，以換取領土的安全。

他對知識分子的態度也和太祖不一樣。太祖把文人們招來自己的身邊，給予他們職務，實際上讓他們負責戰略、財政、治民等工作。張士誠則讓文人們還是和以前一樣自由地做學問和進行文學創作，他只是享受和他們的交流而已。

他對軍隊的態度也很溫和。即便是對戰敗歸來的將軍，也給予犒賞，有時還給予升格。說好聽是溫厚寬容，說難聽就是個懶散馬虎而且軟弱的領袖了。有一個叫愈本的人就這麼說過，本來國力最強的張士誠，在競爭中被打敗的原因就是「只懂得施恩，而不懂得施威，只知奪取之易，卻不知守成之難」（引自《國初群雄事略》）。

西邊的陳友諒滅亡後，太祖全力向東邊進攻，將張士誠統治的城市一個一個地攻陷。至正二十六年（一三六六年）十一月，完全包圍已經成為孤城的蘇州。蘇州城堅守了二百七十八天，直到翌年九月才被攻破。這期間，張士誠手下所有的將士沒有任何一個人背叛，由此可知張士誠是一個十分受部下愛戴的領袖。

據說，太祖軍隊的每個人都掛著「奪民財者死，毀民家者死，離軍營二十里者死」的木牌，進入蘇州城。軍紀嚴明，因此沒有對居民造成任何危害。

張士誠被捉後送往南京。途中他一直閉著眼睛，什麼也不吃。在見到太祖後，他說「太陽照亮了你，而沒有照亮我」，然後就上吊自殺了。關於張士誠的死，有各種說法，也有史料說他是被棒棍打死的，也有說他是被弓箭的弦勒死的。

大明帝國

在將張士誠包圍在蘇州城裡的時候，太祖命親信水軍將帥廖永忠去迎接小明王。

這時，小明王的「大宋」朝廷已經完全式微，如同日本戰國時代的足利幕府一般，早就名存實亡了。但在形式上，太祖仍是小明王的臣下。於是，他作為臣子，提議將君主迎接到已經成為南方中心的南京。

廖永忠在帶著小明王乘船前往南京的途中，將船弄翻，把小明王殺了。大宋王朝就在維持了十二年後滅亡，如此一來，太祖就再也不是任何人的臣下了。

廖永忠在九年後被太祖命令自殺，理由是他「僭用龍鳳等違法之事」，這麼一個含糊的理由。有人說這是殺人滅口，也有人說是廖永忠暗殺小明王立功後態度過於囂張而惹禍上身，各種說法都有，但究竟有沒有直接關係，就不得而知了。

在消滅了張士誠後不久，太祖就命徐達為征虜大將軍，常遇春為副將軍，率領二十五萬北伐軍出征。在消滅了張士誠的翌年正月，太祖正式稱帝，取國號為「大明」，這個「明」是取自明王的「明」。年號為洪武。這一年於是就成為洪武元年。

北伐軍快速進擊，同年八月攻陷大都，消滅了元朝。

展開肅清

太祖在二十五歲時加入紅巾軍，十六年後，四十一歲登上皇位，直到七十一歲死去，一共當了三十年的皇帝。

這期間，太祖把協助自己登上皇位的功臣們一個個都殺了。除了常遇春、康茂才、陶安這些在建國不久後就病死的人之外，其他幾乎所有人都慘遭不測。據說得以壽終正寢的大概就只有大將軍徐達一人。正史《明史》中記載說，徐達於洪武十八年（一三八五年）五十四歲的時候病死。

不過，一部名為《翦勝遺聞》的野史中，則有完全不一樣的記載。

——徐達生病後，一度病危，但後來病情逐漸好轉起來，這時，太祖派人做了吃的慰問品送來。徐達聽說是太祖送來的東西，就一邊流淚一邊把東西吃下，並暗中叫侍醫趕緊逃走，沒過幾天就死了。也就是說，徐達在聽到太祖送來慰問品時，就知道裡邊有毒，但還是忍著吃下。太祖聽聞徐達死去，光著腳哭著趕到徐達家裡，然後立刻下令把那些讓他那位無可替代的臣子死去的醫生們殺了。這個故事說明了，即便是徐達那樣的忠臣，也避免不了「狡兔死、走狗烹」的悲劇。

所以說，太祖連「開國第一功臣」都如此對待，就不用說他是怎麼殺害其他功臣的了。其中規模最大的迫害，要算是胡惟庸、李善長和藍玉事件了。

胡惟庸很早就跟著太祖了。他是在至正十五年，太祖二十八歲的時候成為太祖手下的。之前是做什麼的不清楚，但從他一直擔任行政方面的工作看來，他應該是個文人出身，而且應該是一個相當有本事的官僚。

建國後，洪武六年（一三七三年），他當上丞相，位極人臣，但於洪武十三年（一三八〇年），他就被以企圖謀反的罪名給殺了。被他連累而遭處決的人多達一萬五千人。這是最初的一次大肅清。

在這五年之前，太祖的參謀長，大學者劉基病死了，但《明史》記載說他是被胡惟庸毒殺的。據說，劉基生病時，胡惟庸帶著一名醫生前往探望。劉基喝了這個醫生處方的藥，肚子裡就出現了石頭那樣的硬塊，不久就死了。

劉基這個人很有學問也很高傲，認為和太祖同鄉的那些臣子（包括胡惟庸在內）都是些不學無術的鄉巴佬，所以看不起他們。太祖的這些手下們討厭劉基是事實。不過，清初的大學者錢謙益考證說，毒藥是太祖讓胡惟庸帶去的。天下已經到手後，太祖很有可能嫌這個自恃有學問且看不起盜賊農民出身者的大學者太囉嗦了。

另外順便提一句，胡惟庸謀反時，居然向日本軍求援，派出手下（寧波守備隊的隊長林賢）到日本出差，要求援軍協助。被要求出援的是南朝後醍醐天皇的皇子，當時統治九州的懷良親王。

當時的中國人似乎以為九州就是「日本」，反而把本州當作附屬的島嶼「別島」。那時的九州男兒們經常渡海侵犯中國和朝鮮沿海地區。就是所謂的「倭寇」。為此，中國和朝鮮的政府向九州的統治者懷良親王陳情抗議，對之，懷良親王以「日本王」之名答覆，對方因此以為懷良親王就是日本的國王。

「日本王」應林賢的要求，派出四百多名士兵持火藥和刀劍前去相助，但此時，胡惟庸已經在京城被捕，因此，戰爭沒有打響。不過，話說回來，九州男兒再怎麼強壯，就四百個人能發揮多大的作用，還是頗令人感到懷疑。

胡惟庸事件十年後的洪武二十三年（一三九〇年）來了一場特大級的餘震。李善長——那個文官第一大功臣，大明帝國開國的第一位宰相——被以知悉胡惟庸的圖謀不軌卻沒有向上舉報的罪名，包括他本人在內，一族七十多口人被滿門抄斬。受此牽連，包括許多頂級功臣在內的一萬數千人都被處死。

然後，又過了三年以後，洪武二十六年（一三九三年），這回發生了藍玉事件。

藍玉是一名將軍，也是勇將常遇春的妻弟，非常勇猛。在徐達死後，他繼任為大將軍，經常帶兵北征立功，被封為公爵。然而，據說，由於他這個人出身草莽，性格非常粗暴，因此其所作所為經常讓太祖皺眉頭。此外，他本人雖身為公爵，但排名卻在同為武將的公爵馮勝、傅友德之後，即軍人第三把手，因此他感到十分不滿。為了這事，他和太祖之間出現嫌隙，而被以意圖謀反的罪名處死。這一次被連坐殺死的藍玉一族、軍人和高官等也多達一萬五千人。

遭藍玉妒嫉的馮勝和傅友德也在一兩年內分別被殺。到了此時，建國前就追隨太祖的軍人和高官們，只要還活著的都性命難保，差不多全數被殺盡。傅友德將軍究竟是以什麼理由被殺的，誰也搞不清楚，歷史學家們絞盡了腦汁也找不出原因。

四十二個可愛的孩子

說到太祖為什麼要把功臣們一個一個地殺掉，或許就是為了他可愛的子孫們將來的安全。打天下時看起來是那麼靠得住的將軍或大臣們，拿到天下以後，怎麼看都像是各懷鬼胎居心叵測的壞蛋。

太祖有四十二名子女。男二十六人，女十六人。第四十二個孩子是個女孩，是太祖六十九歲的時候生的——所以說，太祖真的很有本事。

他的二十六個兒子當中，從排行第九個的算起十八人，是他當上皇帝以後生的。洪武元年他即位時還只有八個兒子。

太祖在登基後不久，就立馬皇后生的長子標（當時十四歲）為皇太子。但是，身為父親的太祖身強體壯太過長壽，結果，洪武二十五年（一三九二年），皇太子就先行死去了。

這個皇太子有五個兒子。長子在十年前，八歲的時候就死了，因此，太祖就立了皇太子的次子允炆為皇太孫。

洪武三十一年（一三九八年）太祖七十一歲死去後，時年二十二歲的允炆繼位為第二代皇帝，是為建文帝。

對這位年少的皇帝來說，這回輪到他的二十幾位叔父個個看起來不對勁了。

這些叔父們被封為「王」，鎮守並居住在各自的領地。在太祖的時代，是想把兒子們分配在要地鎮守，來保衛中央朝廷。但從建文帝的立場來看，他就會覺得，比自己更加有威望的叔父們個個都對自己的天下虎視眈眈。於是，他就逐一開始收拾他的這些皇叔們。

叔父們當然也不會坐以待斃。

其中最厲害的角色就是太祖的第四個兒子朱棣。他被封為「燕王」，駐守曾經為元朝大都的北平（今北京）。燕王於建文元年（一三九九年）起兵造反，經過四年的戰亂，在建文四年（一四〇二年），攻陷首都南京，奪得天下。他將首都遷往自己的封地北平，定之為北京，即位為成祖永樂帝。

建文帝逃往何處？

關於這場戰爭，一直以來就有兩個謎——其實說起來是對那些閒著沒事兒幹的人來說的大問題。

其一是，成祖的母親是誰，這個問題。成祖本人說自己是馬皇后所生，正史上也是這麼寫的，看來好像沒有什麼問題，但一直有人覺得，以暴力奪取自己姪兒的天下，那麼不像話的傢伙一定不是什麼好女人生的。於是，就有了各式各樣的臆測。有人說成祖的母親可能是達妃或碽妃——這二人都是太祖的嬪妃。甚至還有人說，成祖為元朝最後一個皇帝順帝的第三夫人所生。說是元朝滅亡時懷胎七個月的蒙古美人被太祖占為己有，三個月後生下成祖。這麼說來，成祖還有可能是純蒙古血統了。當然，事到如今，究竟真相如何誰也不知道了。

另外一個大問題是，建文帝的下落。正史中說他在南京淪陷時被燒死在烈火中，但從過去就一直有人說，建文帝喬裝打扮成一個和尚從地道脫逃，後來一直在雲南一帶當和尚。又有一說是太祖生前，為備萬一之需，而給孫子留下一套和尚袈裟。

據說，實際上打敗了建文帝的成祖本身似乎真相信了這一說法。成祖在即位後的第五年，就派他的親信胡濙出遊去尋找建文帝。據《明史．胡濙傳》中記載，十六年後胡濙歸來時正好是半夜，成祖已經就寢了，但是一聽說胡濙回來，立即起身召見，和他一直談話到天亮。另外，在聽到還有一個傳言說，建文帝可能遠走海外後，成祖就命令了宦官鄭和前往今天的印尼一帶去尋覓建文帝的行蹤。他似乎相當地擔心。但這件事究竟真相如何，至今仍然不得而知。

就這樣，明帝國就由成祖的子孫代代相傳統治了二百五十多年。也有人認為，原來的明帝國，由偉大的爺爺和可憐的孫子這兩代，只維持了三十五年就滅亡，後來成祖開啟的是另外一個王朝。不過至少可以這麼說，即便是像太祖那樣的能人，死後的事也是不能盡如己意，這一點是確實的。

三、人氣最旺的闖王
——李自成

同情弱者

如果在今天的中國，對古今所有的盜賊進行人氣投票的話，那李自成必然位列第一，而且其得票可能還會遙遙領先第二名。李自成為什麼會那麼受到大家的歡迎呢？因為，他很強，而他，卻失敗了。強者勝了固然了不起，但說起來沒什麼意思。弱者敗了，理所當然，所以也沒什麼好提的。雖強卻落敗，或者雖強最後卻勝不了的傢伙，這才受人們歡迎。中國的諸葛孔明、關羽、張飛，日本的源義經、上杉謙信、真田幸村等莫不如此。

李自成是一個悲劇英雄。他從一名驛卒起家，當上大盜賊集團的首領，最後推翻明朝，登基稱帝，但僅僅坐了四十天的天下，就被滿洲人給趕出了北京城，兵敗如山倒，結果被老百姓活活打死，結束四十年波瀾萬丈的生涯。

而且，李自成敗給滿清，不僅是其個人的失敗，也被認為是中國人敗給了夷狄，因此其後的二百數十年，才不得不忍受屈辱的異民族統治。李自成的失敗即代表了中國人的失敗。這麼說大家可能就比較容易理解他為什麼會那樣受歡迎了吧！

滿人登場於明帝國最後大約二十年，是個盜賊猖獗的時代。這一時期的盜賊大多是從中國西北部的陝西省及其周邊地區湧出的。

盜賊為何會湧出呢？原因在於國際關係，在於明朝廷和滿清的戰爭。

明帝國被認為是滅於盜賊之手，這一點是毫無疑問的。李自成攻陷北京後，崇禎皇帝上吊自殺，明朝就此滅亡。

但是，其實從更早以前開始，明朝廷就已經無力抵禦來自東邊與北邊襲來的滿清的攻擊，以及西邊與南邊襲來的盜賊勢力的擴張這種腹背受敵的態勢了。只是碰巧，盜賊一方搶先一步攻下北京城，才會出現二個月後滿人攻進北京，李自成不敵而逃這一幕。李自成的兵力很強大，但滿清的兵力更強大，因此，不論如何，中國最終還是不可能逃脫被滿清統治的命運。

建立清帝國的滿洲人，原名為女真，居住在今天的中國東北到俄羅斯沿海一帶（日本稱之為韃靼）。女真在明代的時候臣屬於明王朝。但在明朝末年，女真出了一位名叫努爾哈赤的英雄，統一了該民族，並開始與明朝作對，建立一個叫作「後金」的國家。

努爾哈赤死後，他的第八個兒子皇太極繼位。這皇太極是一個比他的父親更有本事的英雄，經常對中國發起攻擊。

由東北進入中國本土的主要通道上有一個叫作山海關的要地，為明長城的東北起點。這個山海關的裡邊被稱為關內，即中國。山海關的外邊則被稱為關外，雖為中國領土，卻被半當作外國領土來對待。截至二十世紀為止，基本上一直維持著這種狀態。

明朝的軍隊嚴密地鎮守著山海關，即便是皇太極也覺得無從下手。於是皇太極不時地就繞過蒙古，從北面侵入中國。過一會兒會提到，這就是陝西與山西地區盜賊湧現的原因。

皇太極一般是在進攻後，把可掠奪的東西都掠奪完就立即打道回府。主要是掠奪物資和人。立即打道回府的原因，是怕萬一明朝的軍隊在此時從山海關出擊，攻打自己的根據地。

皇太極即位的第十年，將國名從後金改為「清」，還把民族名由女真改為「滿洲」。有人以為「滿洲」的「洲」，是和徐州、杭州等同樣的「州」，而寫成「滿州」，那是錯誤的。「滿洲」來自於「文殊」，文殊菩薩的文殊。

女真人信仰西藏佛教。藏傳佛教是結合佛教和西藏人古有的宗教而形成的，傳播範圍非常廣闊，當時從西藏，還有今天的青海省、整個蒙古，到中國東北地區，都有眾多信徒。在藏傳佛教的諸多菩薩當中，女真人信奉最深的就是文殊菩薩。這位菩薩的梵文原名好像是叫作「Manjusri」（譯按：中文譯為「曼殊室利」）。女真人取其音譯「滿洲」，作為自己的種族名。

另外還有一點，它的國名「清」和族名「滿洲」，三個字都有三點水。也就是全部都屬水的意思。這是由於中國自古以來，不論哪一個王朝都以五行（金、木、水、火、土）之一為德。明朝是屬於火德的王朝。要戰勝火就要用水。因此，將國名和族名都改為水，即表明了皇太極想要戰勝明朝奪取中國的決心（所以如果把滿洲寫成滿州，就會讓好不容易有的水分少掉了一半）。

盜賊的猖獗

滿清從北面向中國入侵。明軍雖出兵迎擊，但對手的實力比較強，因此多半吃的都是敗仗。那些打輸了的殘兵們經常擅自逃跑成為盜賊。他們被打敗的地點通常是在北京的周邊地區，但他們多半都向西邊逃竄去當盜賊。明朝末年的盜賊有各種來路，但最早淪為盜賊的主要就是這些逃兵。

比如說崇禎元年（一六二八年），明軍在北京東北方的柳河一帶打了敗仗。當時出動的官兵有十二萬人，扣掉戰死者四百，最後只剩下了五萬八千人，人數完全不吻合。那是因為事實上有超過六萬人逃跑去當盜賊了。

此外，在陝西省北部的國境附近一帶，有許多官兵駐屯。在這裡，沒有滿洲的軍隊來襲是好事，但問題是朝廷的軍費也不撥過來。由於多年與滿清的戰爭開銷龐大，朝廷已經差不多彈盡糧絕。薪水發不出來，也沒有足夠的糧食讓軍隊填飽肚子，於是，這裡的官兵們就開始鬧事，這被稱作「兵變」。發動兵變脫離軍營的這些官兵們也都去當盜賊了。

接下來是驛卒。這裡必須先簡單就「驛站」和「裁驛」的意思略作說明。

驛站是政府在全國各地鋪設的通信交通運輸系統。用今天的話來說，就是由政府經營的郵局、運輸公司和船運公司的總合。在那裡工作的勞動者們被稱為驛卒。

當驛卒的都是一些在農村找不到工作無所事事的閒民，總而言之就是些和官兵、盜賊同樣出身的人。

據說，明王朝整頓驛站系統是為了兩個目的。一個當然是為了讓交通運輸能夠更順暢而有效率地進行，另一個就是為了能吸收這些流氓無賴，讓他們每天長時間背負沉重的行囊，累得再也沒有力氣去惹是生非，是個一石二鳥之計。

但是，維持這個驛站系統的運作，財政負擔相當龐大，因此，崇禎二年（一六二九年），削減了六成的人員。這叫作「裁驛」（「裁」是削減的意思）。失去收入來源的驛卒們於是也加入了盜賊的行列。

除此之外還有飢民。進入崇禎年間以後，陝西地方連年少雨，農作物的收成狀況極差。農民們先是吃草，草沒了就開始吃樹皮，再沒了，就將石頭磨成粉末來吃。石頭又冷又難吃（那是廢話），吃一點兒肚子就不餓了，但這麼過了幾天後就會出現腹部下垂，人就死了。到最後，能吃的就只剩下人了。當時留下的紀錄記載了非常恐怖的事實，說每當官兵和盜賊的作戰結束後，成群的飢民們就會一擁而上，把戰死者吃個精光。這些飢民，也都淪為盜賊。

盜賊人數愈來愈多以後，老百姓就再也沒有辦法好好種田了。費盡千辛萬苦種出來的莊稼，該到收成的時候就被盜賊搶走，那還不如自己也變成盜賊去搶別人的比較快。於是，盜賊的數量就更多了。

就這樣，北京的明朝廷，在被東邊的滿清、西邊的盜賊夾擊，這種腹背受敵的情況下，再也撐不下去，終於走向滅亡。

何謂流寇？

在明末，動搖中國國本的盜賊是流寇。

盜賊基本上可分為在地方扎根型的土匪和到處流動型的流寇。要說哪一種比較可怕，那肯定是流寇了。假設一個地方連一粒糧食一個人也沒有了的話，土匪就傷腦筋了，但流寇卻不會，因為他只要換個地方去就行了。這同時也意味著，流寇的掠奪更為兇狠，更加徹底。

不過，要說起來，官兵還比流寇更可怕。流寇不會花力氣故意去殺人，但官兵會。這叫作「殺良冒功」（殺害良民換取賞賜）。官兵是以取得的首級數論功行賞的，而那些被殺的人卻沒有辦法去揭發內情說「我其實是良民！」所以，當時的人說得好，「賊來如梳，兵來如剃」（譯按：俗語一般的說法是「賊來如梳、兵來如篦、官來如剃」）。意思是，賊的掠奪方式就好像拿梳子梳頭那樣，還給人留些頭髮，但官兵的掠奪方式則好比拿剃刀剃頭那樣，一點兒也不留。

說到流寇採取的掠奪方式，他們主要是襲擊並占領比較富裕的城市，把一個地方的養分完全吸乾之後，再轉移到下一個城市。要不是特別強大的流寇還不太容易這麼做，因為被襲擊的城市四周也有城牆和堅固的防備，而流寇用的是強行攻占的方式。

一個流寇集團，通常為數萬人規模。不過這數萬人並非全部都是持有武器的勇士。流寇集團中戰士的比例通常為一成左右。如果說是三萬人規模的流寇集團，那麼，戰鬥要員（稱作「精兵」）就大約是三四千人左右。

剩下的二萬五千人都是些什麼人呢？

首先是女人。盜賊的目的是子女玉帛，但搶來的女人既不能隨隨便便就放了，也不能就那麼殺了，於是就只能帶著一起走。通常一個普通戰士有一個女人，到了幹部階層就有三個甚至五個。女人當然不是共有財產，而是各有其主，所以說起來算是搶來的老婆，當然他們也有孩子了。

除那以外，流寇集團當中還有很多孩子。集團收容了很多失去父母的孤兒以及和父母失散的孩子，這些孩子們一邊負責斥候和傳令的工作，一邊在戰爭中學習作戰，被培育為下一代強壯的戰士。其中身體特別強壯敏捷又聰明的孩子，就被教父層級者收為養子，組織成親衛隊。

但是其中人數最多的，還是雜役夫，也就是從事各種雜役的男子們。流寇集團中，一名戰士必須帶著五到十名雜役夫。這些雜役夫除了負責武器、糧食、衣著、車輛、馬匹、日常生活用品等的採購、保管、搬運和修補之外，還負責每天做飯，在行軍中運送女眷和孩子，在駐紮地設置營帳以及照顧馬匹等等。

流寇是個包括上述一切在內的巨大生活集團。

綿延數十里的車隊

「精兵」以外的人員和物資被稱為「老營」。如果流寇真的如中國共產黨（以及日本的左派研究者）說的那樣，是農民革命軍，是深受農民大眾擁護的，那麼老營就根本沒有存在的必要。但真實的情況是，流寇集團是為良民所恐懼的，而且是被官兵鎖定為打擊目標的孤立無援的集團。老營是他們的生命食糧。因此，流寇在戰鬥來臨之前，會先把老營藏在山裡或者谷底等地，然後「精兵」才出發前往戰場。激戰的結果如果輸了，老營被發現了的話，就會成為官兵洩憤的殺戮戰場，下場非常悲慘。

當時一個曾經見過流寇行軍的人寫道，流寇的車隊等綿延數十里，整個集團花了七天七夜才全部從他的村裡通過，那是因為車上塞滿了女人小孩、鍋碗瓢盆、糧食棉被等所有家當，只能緩緩地移動。

此外，當數萬名盜賊襲擊一個城市的時候，實際上參加作戰的只有數千人，其他的都在後方屏住呼吸靜觀戰況。

比如說從崇禎十四年（一六四一年）起到隔年這段期間，李自成曾三度襲擊河南的大城市開封。當時負責守城的官員李光壂在其日記《守汴日誌》（開封的別名為「汴」）當中做了詳細的記載。據該日誌記載，賊的人數，十四年二月第一次進攻時，「精兵約三千，脅從之眾約三萬」，十二月的第二次進攻時，「精賊約三萬，脅從之眾四十餘萬」，隔年四月第三次進攻時，「步賊十萬、馬賊三萬、賊一人有馬三匹，脅從之眾約百萬」。由此可知「脅從之眾」，即女眷孩童及後方勤務者人數之多。每天必須得管著這麼多人吃飯，所以，說起來，這盜賊首領當起來也真夠不容易的。

和盜賊比起來，守備一方的士兵只有數千名左右，但由於是大城市，一般居民就有數十萬人之多。四周被盜賊包圍後，居民們沒了吃的，就只能「食水草、水蟲、茅坑裡的蛆蟲、泥巴和馬糞」，這些也都沒了以後，這個世界就成了地獄，「開始出現父食子、妻食夫、兄食弟的情況，但也不能責怪他們」。負責守備的官員們也感到非常棘手，猜想盜賊可能會接受女人，就把數萬名女人放出城外。盜賊這邊，正在戰爭最忙亂的時候，突然來那麼一大堆女的也讓他們十分頭痛，招架不住。於是，就斷斷續續給她們發一點米，把她們打發走。這些女人為了把米拿給自己的父母和孩子吃，又回到城裡頭。

流寇，還有遭流寇襲擊的一方，真的都是拚了命的。

正史的材料是小說

李自成當了十幾年流寇的領袖，最後當上皇帝，但實際上關於他和他的集團的真實情況至今仍存有很多不解之謎。

並不是沒有史料，史料很多，但還是有太多讓人弄不清楚的地方。其原因是——

第一，因為是流寇，所以十幾年間一直不斷在四處移動。從最初的陝西、甘肅、四川等西部地區，到山西、河南，然後又向河北進攻，最後又到了湖北、湖南等地，其活動範圍非常遼闊。除李自成集團以外，其他的流寇集團還有好幾十個，也同樣在這個範圍內活動，因此，在那樣的情況下，要正確掌握李自成集團的行蹤和戰跡是相當困難的。

第二，李自成集團最後潰滅了，所以沒有人在集團內部，尤其是在權力中樞記錄下當時的情況，也沒有人接受史學家們的採訪回顧自己過去的事蹟，因此，集團內部的狀況鮮為人知。

第三，李自成是一個非常受歡迎的人物，所以從他被消滅不久之後，坊間就開始出現各種關於他的神話傳說故事。說是神話傳說，卻聽起來好像真有那麼一回事。因為原本材料就很少，所以神話傳說就被當成好像真有其事一樣被廣為流傳，連歷史學家們也都信以為真地予以採用。後來，即使是其他流寇做的事，也都變成只要說到流寇那就必然是李自成，所有轟轟烈烈的精彩故事都成了李自成的事蹟了。

從來所有的李自成研究者主要都是以吳偉業寫的《綏寇紀略》和計六奇的《明季北略》這兩個歷史記錄為依據的。這兩本書都很受歡迎，因此流傳很廣。事件發生的年月日和地名也一個一個記載得非常詳細，其中尤其吳偉業（號梅村）是清初著名的詩人，因此人們很容易產生一種錯覺，覺得既然是梅村先生寫的書，那肯定是不會有錯的。

但是近年來，隨著研究的精密化，人們逐漸知道這兩本書的內容完全靠不住。而且，甚至可以說，只要是《綏寇紀略》裡寫的東西就有必要先用心辨明真假。

此外，一般欲調查研究某歷史人物或事件時，任誰都會先看看正史。如果要研究李自成，就會先看《明史．流寇傳》，然而，這部正史卻是完全以《綏寇紀略》和《明季北略》為材料寫成的，看了一點兒幫助也沒有。

二十世紀以後，掀起第一波李自成熱的，是一九四四年郭沫若寫的一篇文章《甲申三百年祭》。李自成推翻明朝那一年，即崇禎十七年（一六四四年）為甲申年，而一九四四年正好是滿三百年後的甲申年。郭沫若在文章中，把李自成的參謀李岩捧上了天，說假使當時李自成接受了李岩提出的策略，中國可能就不至於受外族占領統治二百六十年。他還信口攻訐另一個參謀牛金星，說這個壞蛋就是害得中國滅亡的罪魁禍首。

然而，寫這篇文章時，郭沫若引用的也是《明季北略》和《明史》，以及《剿闖小史》這些小說。寫歷史論文拿小說當材料實在不應該，但寫李自成卻很難不那麼做，因為原本史實和小說就混淆不清。但糟糕的是，中華人民共和國成立以後，郭沫若成了中國文化界的老大，於是《甲申三百年祭》也被當成了李自成研究的聖經。

近年來，中國學者對李自成的研究已經變得愈來愈科學，原因之一就是郭沫若已經不再那麼（或者完全不）受到尊敬，因此，《甲申三百年祭》也不再被奉為聖經，而成為學術批評的對象。

近來，研究李自成的學者們根據過去一直不為人知的、片段的、可信度較高的史料（目擊者的紀錄、直接參與鎮壓流寇的高官的書牘、地方誌等等），仔細地進行將《綏寇紀略》等的記載漏洞一個一個戳破的考證工作。此外，也對《綏寇紀略》等的材源進行研究。

這些踏實的研究令人驚訝地發現，過去研究李自成的兩大史料《綏寇紀略》和《明季北略》，主要的題材都是來自清初的小說。小說被史書大量採用，然後正史又根據史書寫成。

知道了這些以後就能理解，郭沫若在寫歷史論文的時候，把正史、史書和小說當作同格的史料來引用，其實是無可厚非的，因為歸根結底，不論哪一本都是小說——所以說郭沫若雖然不求甚解，但能注意到那些書每本寫的東西都差不多，他的敏銳度還是令人佩服的。

以外號知名的老大們

李自成是陝西米脂人。米脂比延安還要更偏東北，據說再往北一點兒就是蒙古的沙漠了，是個相當偏僻的地方。

他出生於明萬曆三十四年（一六〇六年），這一點似乎是確實的。有史料說他是富裕農家的子弟，兒時在村塾裡讀書。也有史料說他出身赤貧農家，從小被送去寺廟裡出家當小和尚，也有說他從小就去放羊了。關於他的本名，也有各種說法，多到說不完。其中，有不少史料說他小時候人都叫他「黃米」。無論如何，像「自成」那樣有學問的名字，肯定是在當上盜賊頭目後才取的。

據說他的個頭高大、肩膀很寬，是個非常魁梧的壯漢。他的顴骨尖凸，眼睛凹陷，也就是所謂的金壺眼。

米脂一帶，也就是陝西的東北部這個地區，正如嚴峻的自然環境和氣候一樣，這裡的男人脾氣都十分粗暴，向來出不了什麼文人學者，卻出了不少有名的盜賊。

據說李自成也是自少年時代起就擅長騎馬射箭。雖說是農家子弟，卻不見他安靜地在田裡幹活，想來他應該是經常混在脾氣粗暴的男子堆裡比拚腕力和武藝吧！

有很多史料都說他是在二十歲前後去當驛卒的，但也有史料說他沒當過驛卒。也有說他當驛卒被開除以後才加入邊境守備隊，但也有說他從一開始就是個當兵的，或者打一開始就是個盜賊的。像這樣史料過多，過於繁複，有時候會讓人覺得還不如像漢高祖劉邦那樣只有《史記》一個史料，故事就更容易講述了。但話又說回來，關於某個人物或事件，史料只有一種的話，也就說明了這個史料的記載其實是不足以採信的。

《明季北略》中長篇累牘地敘述了李自成十八歲時和一個十四歲的女孩結婚，但不久後發現這個女孩和別人通姦，他就把她給殺了。

李自成在約莫二十五歲前後，也就是崇禎三年（一六三〇年）左右成為盜賊。這個時候，社會上已經有許多盜賊集團存在，他加入了其中的一個，這個集團的老大叫作不沾泥。

不沾泥是個外號，據說本名叫作張存孟。當時的盜賊首領每人都有一個響亮的外號，大家都以外號相稱。不沾泥只是碰巧關於他本名的紀錄還存在，不知道本名的盜賊頭子那就太多了。不過，不沾泥是否就是「沒有沾到泥巴」的意思，那就不得而知了。

在這裡給大家說說李自成加入盜賊集團前後，當時幾個有名的盜賊頭子的外號。

「老回回」——「回回」是指伊斯蘭教。日本過去也稱之為回回教。當時陝西省西北部的伊斯蘭教徒很多，「老回回」是「伊斯蘭大叔」的意思，他的本名叫馬守應。

「闖王」——「闖」是「橫衝直撞」、「突進」的意思，他的本名叫高迎祥。

「曹操」──把三國時代梟雄的名字當作外號，但據說本人和外號並不相稱，是位性格溫和的盜賊頭目，他的本名叫羅汝才。

這三個人是教父級的大頭目。

除此之外，有名的盜賊還有八金剛、掃地王、亂世王、顯道神、革里眼、混十萬、過天星、九條龍……等數十人。

明末的盜賊和元末的盜賊──朱元璋、張士誠、陳友諒──等有一點不同之處，就是明末這些盜賊頭子們都被人以外號相稱，其原因據清初的史書《懷陵流寇始終錄》說：「此時大多數的盜賊首領，原本都是軍隊裡的將校，或者有來頭的家庭出身的人，由於害怕政府報復自己的親族，而隱藏本名。」另一方面，二十世紀的史學家李文治在《晚明民變》中則說，那是由於受到《水滸傳》的影響。

我也認為《水滸傳》的影響可能不小。把「宋江」、「燕青」、「一丈青」等《水滸傳》裡的人名直接拿來當外號的盜賊很多，或多或少模仿的那就更是多不勝數了。所以說，如果單單是為了隱藏本名，實在沒必要勉強去找個外號。因為一旦成為有名的盜賊，本名還是會被大家知道的。

當時的盜賊集團，一個集團被稱為一個「營」。其中的「精兵」被分為幾個部隊，被稱為「隊」。李自成體格魁梧、腕力超強，加上腦子靈光，在不沾泥的集團裡，很快就嶄露頭角，升任為第八隊的隊長。

過了幾年，不沾泥被官兵逮捕斬首後，李自成就以自己的第八隊為核心，吸收其他隊的殘黨，獨立出來發展。後來在李自成集團壯大以後，這個集團的核心部分，仍是由「老八隊」的人組成的。「老」是「從以前就有」的意思，這些人是李自成最信任的老夥伴。

獨立成為首領後，李自成取了外號叫「闖將」，所以官方叫他「闖賊」。

過去有關李自成的書，很多都說李自成最初是闖王高迎祥的手下。那是錯誤的。李自成和高迎祥並沒有組織上的關係，但被許多人那麼認為是有兩個原因的。

其一是他們的外號很相像，而且還不只是很相像而已。高迎祥在崇禎九年（一六三六年）被官兵逮捕身亡的幾年之後，李自成將自己的外號改為「闖王」，於是，就出現傳言說李自成原來就是闖王的手下，後來被提拔為部將，從而獲得了意思為「闖王的部將」的外號——「闖將」，並在高迎祥死後，繼承「闖王」的名號。

其二是因為李自成的妻子姓高。這位高夫人不知道是李自成的第幾任妻子，但正好是他稱帝時的正妻，所以當上皇后。她在李自成死後，成為大順軍（「大順」是李自成帝國的國號）名義上的最高領袖，與南明朝廷（明朝的亡命政權）締結反清同盟，享受了皇太后的待遇。因為她姓高，於是就出現了謠傳，說這位高夫人本是高迎祥的姪女，李自成因為是高迎祥的姪女婿，所以才繼承了闖王的名號。其實高迎祥是安塞（位於延安附近）的高氏，而高夫人則是米脂一個叫高映元的人的女兒，只是碰巧同姓而已。

不過，高迎祥拜這些謠傳之賜，在中華人民共和國建國以後，由於被視為李自成的上輩，而被另眼相待，不僅被尊為老回回和曹操羅汝才根本沒法兒與之相比的，人格高尚的革命家，甚至還被神化成「為了人民的解放，不惜犧牲了自己寶貴生命」的偉人。

傳說中的八年

李自成是在崇禎五年（一六三二年）二十七歲的時候擁有自己的集團的。

八年後，即崇禎十三年（一六四〇年）年底，李自成突然在河南省西部現身，在大約一個月內，攻陷宜陽、永寧、新安三縣城，並在翌年一月攻陷河南府洛陽，然後接下來以勢如破竹之姿，向推翻明王朝的道路邁進。

李自成的戰跡中，最大的疑問來自崇禎五年到十三年的這八年間，究竟在什麼地方做了什麼？

粗略地說，他是在西邊的陝西、甘肅、四川一帶和官兵作戰，時輸時贏。不過，要說得這麼籠統，聽故事的客官肯定是不買賬的，於是人們就編造出更多更具體的故事，這些故事最後甚至被寫入正史之中，成為李自成故事中不可或缺的部分。在這裡給大家說幾個其中比較有名的故事。

車箱峽詐降事件

崇禎七年（一六三四年）夏天，流寇的聯合軍被官軍追殺由湖北逃到陝西南部。李自成軍負責殿後，但由於不熟悉地形，在興安（今安康）南部的車箱峽迷失了方向。這個車箱峽長四十里，兩邊都是斷崖峭壁，入口和出口都被明軍封住了。而且，連續下了四十天的雨，讓李自成軍都淋成了落湯雞，糧食也都吃光了。於是，他們就向官兵方面的大將陳奇瑜表示，「全員有心改過回鄉當農民」，陳奇瑜信以為真，還認為「他們有這樣的想法值得鼓勵」，下令讓官兵把盜賊一個一個護送出峽。但是，在平安出峽後，李自成軍突然翻臉，在殺掉護送他們出峽的官兵後，接著奪取寶雞、鳳翔、麟遊、永壽等縣。明朝廷為之震驚。

在同一時期，曾發生過類似事件。八大王（張獻忠）、蠍子塊等流寇約四萬人，在關中詐降，然後在平安渡過棧道進入關中後叛變。此事不僅被改編為李自成的功績，而且地點還寫得不對。

當時的棧道，是從漢中府（今漢中市）向西然後北上通過鳳縣，再向東然後北上從寶雞出谷的一條山谷裡的道路。而興安附近的車箱峽，則在比那還要往東幾百公里，出車箱峽的地方和寶雞、鳳翔沒有任何關係。說他們出車箱峽後攻陷寶雞、鳳翔，就好像是說他們「從箱根的隧道出來前方就是長野的松本」一樣。[6]

當時那些史書的記述，只要像現在這樣邊看地圖邊讀，立刻就會知道很多都是胡說八道。這是因為吳偉業和計六奇他們都是南方人，根本沒搞清楚北方的地理就寫下這些故事。

這種狀況很有意思，很像《水滸傳》。經常有人指出《水滸傳》裡的地理是瞎寫的，那也是因為這個以北方為舞台的小說，其作者是南方人。不過，當然，把史書寫得跟小說一個水準，還是太不謹慎了。

滎陽大會

崇禎八年（一六三五年）一月，流寇十三家七十二營的首領集結在河南的滎陽，商討戰略方針。正當大家議論紛紛一籌莫展之際，李自成提出了「向四方發展」的動議。這個建議獲得了大家的採納，所有人以抽籤的方式決定進擊方向和任務，然後向各自負責的方向出發謀求發展。

在這裡先就當時的史書中經常出現的「家」和「營」略做說明。

「家」是指一個首領統管的大集團。在那個「家」下面，較為獨立且能作戰的集團叫作「營」。有點像日本的黑社會幫派說的「××一家」、「××組」之類的。比如說，當時和老回回、闖王並列為三大教父級老大之一的曹操羅汝才旗下就擁有九營，他自己

6【譯注】：比喻兩者相差十萬八千里。

只直接指揮其中的一營，其他的營則分別交由他的手下過天星惠登相（「過天星」是外號，惠登相是名字，以下同）、整十萬黑雲祥、混世王武自強、小秦王白貴、關索王光恩（「關索」是外號，王光恩是名字）等去指揮。

《綏寇紀略》當中列舉了參加滎陽大會的十三家：老回回、闖王、革里眼、左金王、曹操、改世王、射塌天……等眾老大的名號。

然而，這個史上著名的「滎陽大會」，正是一個完全虛構的故事。通常大多數的流寇集團都沒有一個統一的總司令部，而且在那個沒有電話也沒有電報的時代，要讓分散在全國各地那麼廣大範圍內各自任意到處流動的七十多個流寇集團首領，在同一個時間、同一個地點齊聚一堂，商討打倒朝廷的戰略方針，那簡直就是天方夜譚。

關於這一點，在比《綏寇紀略》略晚寫成的《懷陵流寇始終錄》當中就批評了《綏寇紀略》的這一記載是「胡說八道」，說「流寇就像野火一樣不知是從哪兒燒起來的，所以討伐才會那麼困難，要是能決定一個時間在某個地點聚集協商，那就不叫流寇了」。這說的真是完全正確。

那麼，《綏寇紀略》是從哪兒得到材料寫成的呢？據說是「根據某投降者確實的消息」。

潼關南原的大會戰

崇禎十一年（一六三八年）十月，李自成率領了數萬（或者十數萬）大軍準備由陝西前往河南時，在潼關的南邊，遭到官兵埋伏而大敗。全軍只剩下李自成的心腹劉宗敏、田見秀、姪兒李過等十八騎兵勉強逃過一劫——這就是「潼關南原的大會戰」。

待會兒會提到姚雪垠的長篇小說《李自成》，由於這篇小說一開頭寫的就是這場會戰，因此近年來，這場會戰在中國特別有名。打了大敗仗看似有損李自成的名聲，但就是受到這樣毀滅性的打擊還能捲土重來，才叫人覺得了不起、夠厲害。

這個故事倒不是完全虛構的。同年春天，流寇大軍在四川梓潼被官兵打敗，可能就是這場戰役被不懂地理的南方歷史學家改成了同樣帶著「潼」字的潼關。兩地的地名裡雖然有相同的字，但梓潼在成都附近，潼關在河南與陝西邊界，相距甚遠，就算是直線距離也差不多有一千公里之遙。況且，在梓潼被官兵打敗的流寇到底是否真為李自成軍也不好說。

魚腹山的窘境

崇禎十三年春天，李自成逃到了魚腹山（今四川省奉節附近的山裡），陷入走投無路的境地。彈盡糧絕，前途無望。李自成非常絕望，幾次想上吊都被養子李雙喜攔下。手下的大將之間，也都充斥了準備向官兵投降的氣氛。這時，李自成和劉宗敏（李自成手下第一號武將）一起到一處小廟進行了占卜。兩人約定，如果出的結果是吉的話，就拚命再奮力一試，如果是凶的話，劉宗敏就帶著李自成的項上人頭去投降。擲了三次，三次都出吉，於是劉宗敏說：「好！不管今後如何我都跟你跟到底了！」然後率先殺死自己的兩個妻子和所有其他女眷，以輕騎五千突破重圍，轉進河南。

這是李自成的故事當中最不光彩的一頁，但在《懷陵流寇始終錄》和《國榷》等可信度相當高的史書中都有清楚的記述。據說這個故事，很有可能是與在同一時期同一地區陷入困境的張獻忠的故事混為一談了。

不過，不管是李自成還是張獻忠，都不是那種可能會去自殺的人。明朝末年的流寇頭子，要說沒有退路時向官兵投降的有不計其數，但自殺的則一個也沒有。因為首領級的流寇，就算投降，也會立刻被封為官兵大將。

順便說一句，「偽降」或「詐降」那種事經常有，但那和真正的投降並沒有太清楚的分別。一般投降後，如果覺得待遇不錯，那就老老實實地待著，覺得不行的話，就見機再出來鬧事。那樣的情況，在事後就被稱為「偽降」或「詐降」了。

上述的「車箱峽」、「滎陽大會」、「潼關南原」、「魚腹山」等等都是後人虛構的故事，但全部都在《明史》中有清楚的記述。因此，雖說是正史，內容卻一點兒也不可信。

二十世紀在中國掀起第二波李自成熱的是姚雪垠的長篇小說《李自成》。書中有很長的一段「前言」，作者表示根據其考證，「滎陽大會」和「潼關南原的會戰」實際上都不曾發生過，但是這些內容還是出現在小說裡。作者為自己找了藉口，說那是「深入歷史、跳出歷史」——在深入研究歷史後超越歷史本來就是歷史小說的特色。言下之意就是說，這些內容已經是李自成故事當中不可或缺的一部分了，所以不能忽略。但是，他並沒有寫到魚腹山的窘境，或許覺得實在是太丟人了？

攻城與大砲

綜上所述，關於截至崇禎十三年為止的李自成的行蹤，不明之處還有很多。但是，就在這一年年底，李自成突然出現在河南，而且在一個月後，即崇禎十四年一月，攻陷洛陽。洛陽是萬曆帝的第三個兒子，也就是崇禎帝的叔父福王的王府所在地，是河南的第二大城（第一是開封）。

據說，李自成的軍隊在河南出現時才只有數百人，但不久後就膨脹到數十萬的規模。

這一急速膨脹，是由於這幾年河南持續不斷地鬧饑荒，飢民們大量加入李自成軍所致。不過，要靠那些烏合之眾攻擊大城市是很難的，必須要靠精兵。在李自成進入河南後開始追隨他的中小盜賊，像一斗穀（或一斗粟）、老當當、桿子、瓦罐子等的名字都可見於史書。估計很可能是那些幾百幾千人規模的盜賊集團，一聽說闖將來了，就全都一起投入到他的旗下了。這麼說來，在這個時候，李自成很可能已經通過之前在陝西、四川方面的活動，確立了其在盜賊之間的聲望。

即便如此，盜賊們是如何攻陷一個有堅固城牆圍著，城牆上有士兵看守著的城市？

攻城大體上可以分為從外攻入，以及從城裡把城門打開這兩種方法。《豫變紀略》中詳細地記載了攻城的情況，這本書的作者名叫鄭廉，他是河南歸德府這個城市的人。崇禎十五年（一六四二年）李自成和羅汝才的聯合軍攻打歸德時，他正好十五歲，親眼目睹了整個城市被攻陷的經過，而且他還曾被曹操軍抓起來過。《豫變紀略》是鄭廉就河南流寇的行動，主要以自己親眼目擊的情況，加上聽取他人的敘述，進行實地調查，花了幾十年以編年的方式總結出來的一本書（書寫好時鄭廉已經七十歲了），《豫變紀略》是當時的史書中可信度最高者之一。

好，說到攻城。步兵們拿著門板那樣的東西當盾牌，一直衝到城牆附近，然後將門板豎立著，在那後邊挖掘戰壕。據說門板在受到城牆上的大砲攻擊後都會倒下，但立即又被豎直。在步兵們順利地躲進戰壕裡以後，賊軍就開始用大砲朝城牆上的守軍攻擊。

明朝中葉以後用得最多的大砲是佛郎機大砲。「佛郎機」是指葡萄牙人和西班牙人，因此，佛郎機大砲是中國人從葡萄牙人等那裡買來的或者仿製的大砲。

明朝末年，性能更好的紅夷大砲開始登場。「紅夷」是指紅毛的野蠻人，也就是西洋人，這也是一種西洋式大砲。但是，在清朝以後，這種大砲的名稱就寫作「紅衣大砲」

了。因為中國人蔑視滿洲人，稱之為「夷」，因此滿人對這個字眼極為厭惡。滿清統治中國後，甚至有人只因為使用這個字就被處死。於是，大砲的名字就被改成了紅衣大砲，不是大砲穿上了紅色衣服才那麼叫的。這個大砲，先是明軍使用，後來清軍也開始用了。

不知道流寇們擁有的是何種大砲，但估計頂多也就是佛郎機吧！因為後來李自成的大順軍和清軍直接作戰時，清軍一拿出紅衣大砲，大順軍就趕緊逃之夭夭了。他們沒有紅衣這一點是確實的。據說，到佛郎機那種程度為止的中國大砲，精準度極低，甚至可以說，其主要效果就是給予對手心理壓力。

攻打洛陽

好，說到發射大砲，等發射到一定程度鎮住城牆上守軍時，步兵們就從戰壕裡跑出來，到城根下把磚頭一塊兒一塊地抽出來後抱回去。中國的磚頭比起日本的要大得多，說是磚頭，不如說是像水泥板那樣的東西，而且還相當重。就這樣一人一塊不斷地往外抽，這期間由後面的弓箭隊負責掩護工作。當城根給挖出個一定大小的洞來後，就把塞滿了火藥的土瓶放在裡面，點燃導火線，用火藥炸城牆。

城牆通常很厚，不至於那樣就被炸垮了，但一定程度的崩塌還是會使城牆上的守軍受到影響。

這個時候盜賊們就拿出「雲梯」。雲梯是裝在車上的折疊式長梯子，就像現在消防車上的伸縮梯那樣的東西。把它拉長後搭在城牆上，步兵們就像螞蟻一樣不斷往上爬。一個接著一個不斷地往上爬，所以就算二、三個人被弓箭射中跌落也不會有什麼影響。這麼一來，只要占領城牆上的一角，連續不斷地往城牆內側進入，基本上就成功一半了。再來就是攻擊並消滅守衛城門的官兵，從裡面將城門打開，然後讓在外面等待的人蜂擁而上衝進城裡，展開市街巷戰——這是強行突破法。

還有一種是內應法。就是事先派遣內應進城，收買某一城門的守備隊，然後在攻防戰進行得如火如荼之際趁亂從內側開啟城門。順利的話，這是最快的方法。李自成軍攻陷洛陽時用的就是這一方法。

崇禎十四年正月十九日，李自成軍逼近洛陽城下，從北門開始進行攻擊。二十日晚，此門從內側打開，二十一日凌晨，洛陽就被占領了。過程其實很簡單。

闖王不收稅

自攻陷洛陽起，李自成軍的作風就出現了一百八十度的大轉變。從「以掠奪子女玉帛為目標的流寇」升格為「以奪取天下為目標的大盜」。

首先出現的變化就是，行為舉止開始注意民眾的觀感。

李自成的軍隊在洛陽沒有掠奪任何金銀財物，沒有殺傷一般居民，也沒有侵犯婦女。不僅如此，還把福王府倉庫裡儲存的糧食和財物分發給民眾。說起來，其實是自己取九成，只拿出一成分給民眾，但皇族的財產非同小可，一成也是個相當大的數目了。

當時的文人在紀錄中說這是「盜賊的假仁義」，但就算是假仁假義，能分到好處肯定是比被掠奪要好得多。因此，這一舉措還是受到民眾熱烈歡迎的。

其次是他們開始積極地進行宣傳活動。

「我們是為了拯救苦難人民的正義之師，讓我們齊心協力打倒萬惡的明王朝！」他們以帶有這樣意思的華麗古典用語做成文章和宣傳單，在各處大量張貼散發。

這些宣傳當然是針對知識分子，一般老百姓不讀那種東西，就算讀了也看不明白。

針對小老百姓的宣傳方法，是把宣傳內容做成歌謠。李自成軍做的歌謠各式各樣但大同小異，在這裡給大家介紹一首。

殺牛羊
備酒漿
開了城門迎闖王
闖王來時不納糧

羊、漿、王、糧都押韻，內容非常簡單易懂。對無知而單純的民眾來說，像這種不說什麼大道理，總而言之就是天上降下救世主之類的歌謠是最管用的。

在那之後三百年，當毛澤東占領李自成的故鄉陝北地區的時候，同樣也做了向民眾宣傳用的歌謠，有名的比如說像「東方紅」。

東方紅、太陽升

中國出了個毛澤東
他為人民謀幸福
他是人民的大救星

雙方的共同點是推銷並宣傳救世主的名字。雖然過了幾百年，但中國大盜賊的手法還是沒多少長進。

先不說那個。李自成在洛陽舉行了「人民審判」。在捉到出身皇族的福王以後，將洛陽的人們（話雖這麼說，但大概也只有有權有勢者）齊集一堂，李自成在眾人面前進行抨擊福王罪行的演說，然後將福王處死。

眾所周知，共產黨也搞過人民審判。可能有些人會以為人民審判是「由人民來審判」的意思，那就錯了，其實是「在人民的面前進行的審判」的意思。將已經被判了死刑的人，拉到人前列舉他的劣行，然後將其公開處決，就叫作「人民審判」。

牛金星與宋獻策

在攻陷洛陽之後，李自成的野心更大，開始以奪取皇帝寶座為目標。因此，放棄掠奪財物以博取人氣，改以獲得聲望為優先。

盜賊要獲得人氣是比較容易的，因為不需要本錢。只要不做壞事，人們就會覺得他們「身為盜賊竟然不搶金錢也不搶女人」，這樣就有人氣了。共產黨的軍隊高唱「不拿群眾一針一線」，讓很多中國人，甚至有些日本人都感動佩服地說真是情操高尚的軍隊什麼的，老實說，不掠奪別人的財物根本就算不上什麼特別高尚的行為，在正經規矩的世界，那只是理所當然的事情而已。那樣的行為就能被人說成多麼的高尚多麼的了不起，盜賊可真占了便宜。

但是，原本一直毫無限制地進行掠奪的眾盜賊，突然被限制不讓掠奪，肯定心裡會覺得好像吃虧了，這個時候教他們「先吃虧然後占大便宜」的就是知識分子了。李自成陣營，從這個時期開始不斷有知識分子加入，給盜賊們進行這種教育。

原本李自成就和朱元璋不同，從頭到尾都沒有太了不起的知識分子作為智囊加入。

當然有很多負責文書工作程度的蝦兵蟹將型的知識分子，但能成為首領左右手的，就只有牛金星一人而已。

不過，這個牛金星，和朱元璋手下的宋濂、劉基那樣的全國知名大學者比起來，還是相去甚遠。只能算是一個鄉下地方、一個小地區那種程度的鄉下文人而已，有點兒像朱元璋的智囊李善長。牛金星和李善長一樣，在鄉下文人中都算得上是相當能幹厲害的。

這個牛金星為什麼會成為盜賊，其原因就不得而知了。據說好像是因為和親戚之間發生糾紛，被控告後害怕被捕，而逃進盜賊集團裡的，反正不是基於什麼偉大高尚的動機才去當盜賊的。

其他再也沒有什麼像樣的知識分子了，所以牛金星在戰爭時期擔任首席參謀，李自成當上皇帝以後則位居宰相，一個人施展三頭六臂的本領。

然而，可悲的是，後世對這個牛金星的評價卻不怎麼高。因為他一個人把所有的事都包辦了，大家就認為都是這傢伙把事情搞砸的，所以敵視他。郭沫若等說李自成的大順帝國滅亡，中國被滿清統治都是牛金星的責任，而把他大罵一通，但那實在有點兒說不過去。大順敗給滿清，肯定不是大順的誰和誰沒搞好，不過是清軍比較強大而已。

另外，還有一點，那是後來發生的事了。李自成被清軍打敗，陷入節節敗退的困境之際，牛金星由大順軍出走，在後來當上清朝大官的兒子家裡安靜地度過餘生，因此被認為是一個「對走下坡的主人見死不救的叛徒」，這也是他不受歡迎的原因。

說起李自成的參謀，還有一個有名的叫宋獻策。這個人原本是個流浪的算命師，個子很矮，臉也很小，一條腿不好，所以總拄著拐杖，看上去沒什麼耀人的風采，但據說，他對軍事戰略的掌握有如神一般。

據說他成為李自成手下的原因是他為李自成卜了一卦，得出了「十八子主神器」這樣一個卦。「十八子」合在一起就是個「李」字。「神器」就是像日本也有的「三種神器」那樣的象徵帝位的東西。也就是說，這個卦的意思是「姓李的人應該會得到象徵帝位的器物」。李自成被他這麼一說，撫胸自問覺得自己正是那個「姓李的人」，於是認定宋獻策是個了不起的算命師，當下決定奉其為軍師。

其實，「十八子主神器」並不是宋獻策自己想出來的。那是七百多年前，五代時的一個馬屁精為了討好李存勖（後來建立後唐的人）而寫出來的，在史書上也都有記載，宋獻策只不過是借用了而已。

李自成的陣營裡的確有宋獻策這個人，他也有可能原來確實是個算命師，但說他異常矮小、像神一樣能未卜先知什麼的，大概都是人們虛構出來的故事。要是他真能對未來預測得那麼準，早應該看出李自成最後會慘敗，肯定一開始就不會前去投靠了。

李岩與紅娘子

說到李自成的智囊，和牛金星、宋獻策比起來，更具有壓倒性人氣的是李岩。李岩的故事要詳細說起來差不多能寫一本書，簡單說的話就是這樣一個故事。

李岩是河南杞縣一望族子弟。父親李精白是明朝的兵部尚書，即主管陸軍的高官。崇禎十三年，河南地方發生大饑荒，李岩向縣令建議，拿出部分官糧接濟災民，但小氣的縣令卻一粒糧食也不拿出來。李岩於是把自己家儲藏的糧食全都捐獻出來，得到了大家的感激與佩服，而縣令的聲望則一落千丈。

在這裡出場的還有一個李岩故事裡必不可少的人物。這個人物是一個年輕女子，名叫紅娘子，當然還是個美女了。她是一個走江湖賣藝團的頭頭，是個走鋼絲的高手，也是一個堅強勇敢且重仁義的女俠。她聽說了李岩的事蹟後十分欽佩從而心生愛慕，聽到縣令誣告李岩收買人心想要造反，就強行將李岩帶出城去躲避，然後還以身相許希望將李岩留下，但李岩不願意，偷偷地跑了回家。縣令聽到這個消息，就以和女盜賊私通的罪名，將李岩逮捕入獄。

紅娘子知道了以後，就聯合了受李岩接濟的災民以及欽佩李岩的青年們一起攻擊杞縣。她使出飛簷走壁的功夫飛越城牆，手誅惡縣令，救出李岩。李岩的妻子聽說此事後上吊自殺。李岩於是順利和紅娘子結為連理，和窮人、年輕人們一起投入李自成軍。李自成大喜過望，請李岩出任參謀。

李岩說服了李自成站在窮人一邊以奪取天下，據說「闖王來時不納糧」等許多歌謠都是出自李岩之手。李岩還向李自成獻上很多良策，促進了李自成軍的發展。李自成對李岩的推心置腹，引起了黑心宰相牛金星的妒忌，在背後不斷向李自成告狀，說李岩的壞話。原本將信將疑的李自成於是逐漸對李岩失去信任，最後把李岩叫到一個宴席上，然後把李岩殺了。

——這就是李岩故事的梗概。雖然是個故事，但正史《明史》中也有相關記述，基本上全部都被當作史實來寫。因此，郭沫若他們才會咬牙切齒，充滿不平地認為，如果李自成相信李岩而摒退牛金星的話，中國就不會遭到異民族二百六十年的統治了……

李岩是李自成的分身？

不過，今天研究李自成的學者們基本上都已經有了共識，那就是上述的這些故事全部都是虛構的。而且不僅只是虛構而已，李岩等人物在歷史上根本就不曾存在過。

這可不是隨便說的。李岩的故事，要詳細說起來的話，還有更多更多的細節，而研究的結果就是通過把這些細節一個一個和確實的史料做仔細比對後得出的結論。比如說，在李岩故事裡被紅娘子殺了的縣令姓宋。於是，研究者就將在崇禎年間在杞縣當過縣令的人姓名全部都列出來，確認了其中只有一個姓宋的。接著就調查這個人的生涯，結果從他的墓誌等確實的資料，確認到他在圓滿結束任期後，回歸故里，十多年後壽終正寢。此外，地方誌等也證明，崇禎年間的杞縣縣令，從沒有一個在任內被殺害的……欒星寫的《李岩之謎》就是有關這一方面的專著，過去的說法一個一個地被推翻，這個過程就好像讀推理小說一般驚心動魄，讓人捏一把冷汗。

我看了這些詳細的考證後覺得，畢竟明朝末年還是一個距離今天比較近的年代，片段但確切的資料是無窮盡的，也覺得能進行這種精密作業的中國學者很了不起，而且他們確實樂在其中，這點讓我十分佩服。這和以馬克思列寧主義的唯物論和唯物辯證法對中國歷史進行切割的那種精彩度的欠缺，簡直就是天壤之別。

李岩故事的素材現在也已經徹底被摸清楚了，完全是出自清初那個時期的小說。姚雪垠的小說《李自成》的「前言」中，也提到了李岩是個杜撰的人物，但小說《李自成》當中，李岩和紅娘子還是占據了很大的篇幅。想必這就是作者所說的「深入歷史、跳出歷史」的歷史小說真髓的表現了，不過，李岩的故事確實已經是李自成傳記中不可或缺的一部分，沒有李岩出場的李自成傳，讀者是不會買帳的。

俗語說「無風不起浪」，李岩這個浪又是從何處冒出來的呢？我在猜想，或許，李岩就是李自成的分身。

李自成也許是由於年輕的時候就當上首領，因此被稱作「李公子」，而李岩也被稱為「李公子」。

還有一點，剛才也說過，李自成年輕的時候有很多不同的名字，其中一個就叫作

「Yan」。也就是說，他在闖出名堂前叫作「李 Yan」。庶民的名字通常都只有音而沒有確定是哪個字。比如說「阿Q」被人們叫作「阿 Gui」，但就像魯迅說的，究竟這個「Gui」是「貴」還是「桂」，抑或是其他的字，誰也不知道。李自成年輕時候的名字「李 Yan」也一樣，有人記成「李延」，也有人記成「李炎」等等。

而李岩，也是「李 Yan」。

盜賊集團內部的事，外人往往很難窺知真相，就好像外面的人曾經以為共產黨的首領「朱毛」是一個人。我的推測是，李自成在取了「自成」這個有學問的名字後，就不再用「Yan」這個名字，但被稱為「李公子」的「李 Yan」這個名字卻被人們擅自發揮想像力，最後發展為李自成的智囊——貴公子李岩了。

大明帝國的滅亡

崇禎十四年一月攻陷洛陽之後，李自成氣勢如虹，一個接著一個攻下河南的各個城市。把老回回、曹操、革里眼等過去地位要比他還高得多的老大們全都納入旗下，並吸收了他們的軍隊。然後，在崇禎十六年（一六四三年）初，於湖北襄陽，建立自己的國家並組織政府。李自成的稱號為「奉天倡義文武大元帥」，二把手為曹操，稱號為「代天撫民威德大將軍」。但在那之後不久，李自成就把曹操和革里眼殺了，老回回大吃一驚趕緊出逃。

同年冬天，李自成向西進擊，突破潼關，攻陷西安，並於翌年崇禎十七年一月，定西安為國都。國號「大順」、年號「永昌」，李自成稱「大順王」。

二月，開始朝北京進攻。三月十七日抵達北京城下，守軍沒能做出任何像樣的抵抗即遭到潰滅。十九日，李自成進入北京城，崇禎皇帝上吊自殺。自太祖以來維繫了近三百年的明王朝就此滅亡。

李自成是在四月三十日被清軍逐出北京的。因此，李自成的大順軍在北京正好待了四十天，李自成僅僅坐了四十天的天下。

李自成原本似乎並沒有要定都北京的意思。他本是陝西人，年輕時當流寇四處流竄鬧事也都主要在陝西。他一直打算定都陝西最大的城市，也是過去漢、唐的國都——西安，他本想在北京把事情辦完後就返回西安。

那麼，李自成到北京是為了辦什麼事呢？一個當然是為了打倒明王朝，另一，則是為了在北京登基做皇帝。

因此，大順政權在北京的四十天期間，最主要的工作就是為登基大典做準備。閱讀這期間的紀錄，才知道中國皇帝的即位是一件多麼複雜麻煩、多麼不容易的事，令人歎為觀止。

這裡舉一個很小的例子。典禮上皇帝戴的帽子，也就是皇冠，這本來就不是隨便輕易就能做出來的帽子。必須特別訂做，並鑲上一大堆華麗寶石。據說李自成的皇冠，第一次做出來時太大，第二次做出來後又太小，到了第三次才終於做出一頂令人滿意的。

一頂帽子就那麼費事，可想而知從他本人到文武百官的衣服、裝飾品、典禮的布置、典禮進行過程的練習等等，據說要完全做好得花上好幾個月的時間。

在這段期間，北京城內逐漸開始出現混亂。

登基典禮結束後大夥兒就準備回西安了，因此，政府高層為了新國家建設所需，對北京的明朝高官和資本家們竭盡所能地施行了壓榨，高官和資本家們當然也會拿出部分財產，但不可能全部都拿出來。於是，為了讓他們把藏起來的錢財都拿出來，就開始對他們進行拷問。頭號武將劉宗敏等人，發明了新式的拷問道具，具體的酷刑是如何進行的，我們不得而知，不過，據說人們通常在那種令人無法忍受的痛苦持續一個晝夜後斃命。

士兵們則開始進行掠奪。大夥原本就是為了進行掠奪才去當盜賊的，幾年期間，卻為了首領要爭奪天下而被迫忍耐。現在，天下終於到手了，這下子再也沒有任何顧忌，想要什麼就可以拿什麼。據說政府高層起先還一度試圖控制掠奪行為，但高層自己也同樣在那麼做，所以根本就壓不住。他們完完全全地露出了盜賊的本性，於是，北京城裡充滿了對大順政府的怨聲載道。

這個時候，在東邊的國境上有一顆炸彈正伺機爆發，那就是吳三桂之變。

山海關的敗戰

如前所述，明帝國東邊的防守為山海關。山海關以外為滿清統治的地區，名義上原本屬於中國的領土，但實際上則是外國，鎮守山海關的將軍就是吳三桂。

大順軍攻打北京時，明朝廷發出命令要吳三桂回來保衛首都，但吳三桂的軍隊還沒來得及趕到，北京就淪陷了。吳三桂在途中得知北京城已經陷入賊軍之手的消息後，隨即返回山海關。

吳三桂腹背受敵，面臨兩面挨打的局勢。前面是強大的外國軍隊，背後則有賊軍逼近。他無力與雙方為敵，只能向一方投降。然而，向殺害了自己的君主明朝皇帝並使國家滅亡的亂臣賊子投降，有違人臣之大義，可是，向夷狄之軍投降，則是作為中國人的莫大恥辱，吳三桂陷入了兩難的困境。

李自成在攻陷北京後立即派遣使者前往山海關勸說吳三桂投降己方，吳三桂也考慮到畢竟還是中國人，於是和使者一道出發前往北京。但是，在途中，他突然改變主意，殺掉使者後返回山海關，然後向滿清方面投降。

李自成聽後大吃一驚，立即派頭號武將劉宗敏率領六萬大軍討伐吳三桂。但是，每天在北京城裡吃香喝辣的盜賊們早已失去了戰鬥力，紛紛被滿清和吳三桂的聯軍打敗逃回北京。四月十三日李自成親自率大軍由北京出兵，同月二十五日就逃了回來。這十二天之間，李自成的命運從上坡路一下子變成了下坡路。

這次的敗戰讓李自成知道自己根本打不過滿清，於是他加快了即位的準備，於二十九日匆匆忙忙舉行了登基大典，當上皇帝以後，隔天，三十號一早，就命人放火燒了好不容易才到手的宮殿，然後逃出北京。

吳三桂為何倒戈？

話說吳三桂原本已經決意投降李自成了，為什麼途中突然變卦呢？據說是為了一個名叫陳圓圓的美女。

陳圓圓原是南京的名妓。據說她美得讓人只見一眼就魂飛天外。崇禎皇帝的王妃田貴妃的父親田弘遇（也就是皇帝的老丈人），到南京時花了八百兩黃金把這名美女給買來，但田弘遇在回到北京之後不久就死了。於是吳三桂花了千兩黃金把她從田家買了過來，對她寵愛有加。受命為山海關守將出征時，吳三桂就讓陳圓圓寄住在自己的父親家裡。李自成進北京城後，劉宗敏看上了這個美人兒，不花一毛錢就將她據為己有。吳三桂聽說了以後大發雷霆，決心殺死這幫盜賊，於是轉頭向滿洲人求援。就連《明史》裡也寫說吳三桂倒戈就是因為陳圓圓被劉宗敏搶走。

但是，實際情況又是如何呢？通常在中國的歷史上，發生翻天覆地的社會變動時，多半會出現美女或者惡女，人們會把這個女人當作大變異的根本原因。在吳三桂的例子裡，人們認為，如果沒有陳圓圓這個女人，吳三桂就不會改變主意，那麼中國也就不會陷入夷狄之手了。為了一個女人就把國家賣給了外敵……於是吳三桂在此後數百年背上了大漢奸的罪名。

李自成在出兵討伐吳三桂之時，帶著崇禎皇帝的皇太子與吳三桂的父親同行。帶著皇太子同行是為了向吳三桂顯示「我們可是善加對待明朝皇族的」，而帶著吳三桂的父親同行則表明了「如果你不就範的話，就不保證你父親的生命安全了」。即便如此，吳三桂還是倒戈了，於是在回程的途中，李自成就把吳三桂的父親殺了。

吳三桂當時的心境他自己不說別人也不得而知，估計他考慮的很可能是，比起女人，比起自己的父親，甚至比起中國，向哪邊靠近可以確保自身的安全吧！向闖入家裡將父親和愛妾虜走的盜賊投降，恐怕也很難保住自己的性命，那還不如向滿清施個恩惠……他恐怕就是這麼想的吧！

大順皇帝的末日

明崇禎十七年，等於清順治元年，又等於大順永昌元年四月底，逃離北京的李自成，在經過兩個月後，於同年七月初回到國都西安。對潼關加強防守準備繼續作戰，但六個月後，即順治二年（一六四五年）一月，他就從西安逃了出來。因為，清軍繞過北方從鄂爾多斯南下陝西。這就好比把前門拴上堅固的門栓正覺得可以放心的時候，敵人突然從後門打了進來，再怎麼把前門堵好都沒有用。

李自成於是向南出逃。出西安時軍力十三萬，途中在各地防守的自家軍隊前來集結，一度達到二十萬人左右。雖然如此，但軍隊已喪失了目標，只是不停地逃跑而已，因此既沒有士氣也沒有軍紀可言。所到之處只能襲擊掠奪弱者，又變回了最差勁的流寇。

雪上加霜的是，李自成迄今為止作戰的範圍非常廣闊，但全部都是在中國的北半部，初次來到南方，地理環境不熟悉，氣候風土也不適應。四處打敗仗到了最後，劉宗敏和宋獻策以下的大將參謀們差不多都死光了，只剩下大約二萬人，逃進湖北通山縣一處叫作九宮山的山裡。在這裡，李自成被農民組成的自衛團所殺。此時是清順治二年六月，李自成時年四十歲。

再詳細說一下李自成臨死時的狀況。一天，李自成帶了二十幾個部下來到一個村莊附近，據說是出來偵查或者是找糧食，不論何者，已經到了要皇帝陛下親自出馬的程度，那真是夠淒慘的了。

不幸被村民發現，由於世道不平靜，山裡的農民們也組織了自衛團。聽說盜賊來了，一百多人就一擁而上，把人全都殺了。殺死李自成的是一個名叫程九伯的農民。據說，更直接下手的其實是程九伯的姪子。

過程據說是這樣的：程九伯和李自成扭打成一團，李自成畢竟力氣比較大，用身子把程九伯壓倒在地，然後準備拔刀，但血和泥巴粘在一塊兒，刀拔不出鞘。這個時候，程九伯大喊救命，他的姪子聞聲趕來，從背後拿起鍬朝著李自成的後腦用力一擊。

把人殺了以後，仔細一看，這人穿著龍袍，腰上還纏著黃金打造的玉璽。這下可不得了，殺了個大人物，兩人嚇得趕緊逃之夭夭。

經過了很長一段時間，這個地區在清朝地方政府的管轄下安定下來，政府才開始就李自成臨死時的狀況進行調查，並給予程九伯賞賜。不過，這是後話了。

回到剛才說的大隊。他們見皇帝出去久久不歸，就出門去尋找，結果發現李自成頭顱被打破，已經因出血過多而死亡。

隔天起的兩天之間，大順軍的二萬名殘兵們，襲擊了附近的村莊，把大約三千名村民全都殺光了。

除李自成的本隊之外，由李國、高一功等部將率領南下的大順軍隊，則和南京的明朝亡命政府聯合，繼續進行對滿清的抵抗。大順最後的將軍李來亨在湖北的茅麓山被清軍包圍後自殺，而大順軍完全被消滅，則是在李自成死後十九年，康熙三年（一六六四年）時的事。

姚雪垠的批判

顧誠在《明末農民戰爭史》一書中，就大順軍對村民的虐殺這麼寫道：「部下的將士對通山縣一帶的地主武裝立即進行報復性打擊是理所當然的。」

這是顧誠這個歷史學家寫的文章，但其實只是表明了共產黨的見解，而且這種沒血沒淚的說法，只是將中國共產黨的本性表露無遺而已。不管李自成的殘兵敗將已經變成了怎樣一個只知掠奪和殺人的集團，他們還是「革命的軍隊」。與革命軍敵對的，不管受到什麼樣殘忍的虐殺，那也都是他們「罪有應得」。即便是受到牽連的村民們，只要他們是敵對者的朋友，被殺也是他們理所應得的報應──這就是共產黨的邏輯。

另外還有一點。

在中國的書籍裡──嚴密地說起來是除了一個例外以外，全部都把程九伯們稱作「地主武裝」。「屬於反動階級的人全部都是壞人」，「壞人全部都是屬於反動階級的」，這是中國馬克思主義者的善惡二元論的歷史觀。照這個說法，程九伯他們就必然是「地主武裝」了。

例外說的是姚雪垠寫的《李自成的歸宿問題》（收錄於《李自成殉難於湖北通山史證》）。姚雪垠這麼寫道：

「當代的形而上學階級論者，一直拒絕正視這些大量的史料，一概以『地主階級的誣衊言辭』將之排除在外。這是不懂得歷史。我們看到一般平民和大順軍之間發生武裝鬥爭，誰都會說那全部都是『地主武裝』。但是歷史現象絕不會是那麼單純的。

首先，末期的大順軍已經無法維持紀律。到處掠奪糧食、殺人放火。不僅侵犯了地主階級的生命財產，也成為與人民敵對的存在。

第二，對長江以南的人民來說，李自成不過是一個逼死皇帝皇后，推翻明王朝的流寇而已。人民大眾是皇權主義者，抱有強烈的正統觀念。

第三，李自成所建立的是一個名副其實的封建政權，並非歷史學家們想像的什麼『農民政權』。認為李自成自始至終站在與地主階級敵對的立場，是完全不符合史實的。」

他說的這些話是極為寶貴的理性之言。（「封建政權」即「反動的、反人民的政權」之意，是中國獨特的用法。）

說到姚雪垠，他是中國文壇，或者更廣義的來說，是中國文化界有名的無可救藥徹頭徹尾的大左派、保守頑固派。竟然要勞駕這個老爺子出面教訓，就可想而知中國史學界是多麼墮落了。

三角關係的處理

剛才說過，在二十世紀的中國掀起李自成熱的，是郭沫若的論文《甲申三百年祭》和姚雪垠的歷史小說《李自成》。

這些不僅只是歷史回顧，也不是盜賊讚歌。二十世紀中葉的中國形勢與明末的形勢十分類似，因此，他們寫李自成的出發點是極具實際問題意識的。

讓我們再一次大體回顧一下明末的形勢。

正統政權是明王朝。與此相對，西邊有來自國內的盜賊（或者「革命武裝」）李自成正在發起挑戰準備取而代之，東邊則有異族滿清（清王朝）正虎視眈眈準備逐鹿中原，三者不可能相安無事地共存下去，最後必然是其中一者勝出，統治中國，另外兩者則注定要滅亡。

結果，在兩面作戰疲於奔命之後，明朝被李自成推翻。然後，滿洲人攻進中國將李自成驅逐，開啟對中國兩百多年的統治。

接著，我們看看二十世紀——正統政權是國民黨的中華民國。以西北邊的延安為據點的毛澤東共產黨正在發起挑戰準備取而代之。關外則是日本控制了東北三省，建立「滿洲國」，伺機入侵中國本土。

明朝等於國民黨政權，李自成等於毛澤東，滿洲等於日本，三角關係的構成完全一模一樣。同樣的，三者當中也只有一者能取得勝利。

如果歷史完全重演，則日本最後會勝出然後長期統治中國。這當然也是中國人所不樂見的。

明末的歷史被回顧，正是緣於對如何處理國內兩大勢力、國外一大勢力這種三角關係的強烈關注。

最後，國內的兩個勢力都選擇了先聯合在一起救中國，然後自己再想辦法勝出——這一由兩階段構成的戰略。

短期一致，終究是不一致，暫時合作的夥伴是最後必須與之拚命的對手。

國民黨最初採取的戰略方針是先平定共產黨，穩定國內局勢後，再傾全力對抗日本。

但在一九三六年，在戰略上做出了大轉變，決定先與共產黨聯手防範日本。翌年，日本展開了對中國本土的侵略。國民黨和共產黨的合作進行得不順利，主要城市一個接著一個被日本攻陷。國民黨逃往西邊的大後方重慶，共產黨則在延安繼續抵抗。

《甲申三百年祭》就是在這個時候，站在支持李自成的立場上寫成的。郭沫若認為，如果李自成沒有判斷失誤，而且採用了正確策略的話，中國就能夠避免遭到夷狄統治了。

之後的情況是大家都知道的。

日本在中國戰線陷入泥沼狀態，為求打開局面而對美英開戰，最後在太平洋方面遭到毀滅性打擊後投降，然後從中國大陸撤退。留下來的國民黨和共產黨則開始大打出手，最後國民黨被打敗，逃往臺灣建立亡命政權，共產黨則控制了全中國，毛澤東實質上登上皇帝的寶座。

小說《李自成》的評價

姚雪垠的《李自成》是在這個大局底定的時間點上，站在支持李自成的立場寫成的，或者應該說，是以把李自成和毛澤東形象重疊的形式寫成的。

在姚雪垠的這部大長篇小說第一卷發行不久後，「無產階級文化大革命」就爆發了。大多數的作家都被打上階級敵人的烙印而被淘汰，只有兩個人留下來。一個是浩然，另一個就是姚雪垠。

浩然是專門吹捧毛澤東夫人江青的馬屁精，而成為姚雪垠後盾的則是毛澤東。當文學相關工作者一個接著一個被打倒的時候，毛澤東指示有關方面「保護姚雪垠，讓他繼續撰寫《李自成》」。一直居住在武漢的姚雪垠被接到北京毛澤東的跟前，被給予住所和兩名助手，讓他在文革的混亂之中也能安心地進行寫作。

小說《李自成》出版時受到了讀者的熱烈歡迎，但如今則評價不高。這也是理所當然的，因為對毛澤東的評價也不再如過去那樣了。

我個人對《李自成》這部小說給予高度評價。這是中國現代文學史上第一部長篇歷史小說，而且，至少是迄今為止，唯一值得一提的一部長篇歷史小說。關於歷史的調查、考證十分精到，構想雄偉，文章厚重且具古典風味。其中對於包括崇禎皇帝在內的明朝方面的許多人物，以及包括皇太極在內的滿洲方面的許多人物的描寫，尤其出色。

但是，這部小說確實有一個致命的弱點，那就是，主人公李自成被極度美化，或者神格化了。

作者是否從一開始就準備把李自成當作毛澤東來寫，這我們就不得而知了。但是，在中國素來就有很強的以歷史投射現實這種傾向的情況下，以李自成軍、明朝廷、滿洲這一三角關係為背景寫李自成，就一定會讓人當作是以共產黨、國民黨、日本的三角關係為背景來寫毛澤東，因此，作者不可能不意識到這一點。

而且，文化大革命一爆發，毛澤東的神格化就走上了極端。另一方面，連毛澤東本人都承認了小說《李自成》的主人公是他自身的投射而下令保護作者，李自成就更加不得不成為神仙了。

此外，還有這部小說的女主人公高夫人的問題。歷史上的高夫人是李自成即位為皇帝時的正室，因而成為皇后，李自成死後曾一度被尊為皇太后，但並沒有留下任何具體事蹟。

然而，文化大革命一爆發，毛澤東夫人江青一下子跳上政治大舞台。於是小說《李自成》這邊，高夫人的比重也突然間增大了許多，幾乎占據了足以和李自成相抗衡的地位。她還被形容為賢慧、聰明、勇敢，而且善良，簡直宛如女神一般。畢竟當時江青一手掌握了文學藝術方面的大權，得罪她就別想繼續寫小說了。

這麼一來，劉宗敏、田見秀等武將們，也就是紅軍的將領了，那可草率不得。於是，李自成軍，下至負責養馬的老頭，全都變成了善良、誠實、可親的、百分之百的「人民的軍隊」。偶爾出來個奸詐狡猾的傢伙，最後都必然會背叛投降，從一開始作者就親切地預告說：「這個傢伙是潛入革命隊伍裡的壞分子。」

於是，故事的核心人物李自成夫妻、周邊的武將與謀士們，以及軍隊，都被極端地理想化，結果反而失去了分量。這就是小說《李自成》致命的弱點。

毛澤東死後，江青在權力鬥爭中失敗被捕，變成了史上前所未有的壞女人。於是，被捧上了天的高夫人，就變得好像是個懸在半空中的角色。

《李自成》是一部全五卷，各卷分別為二至三冊的巨著。但現實世界的變化實在太過於激烈，據說出到第三卷時就停頓下來了（後來作者死後，他的祕書依照他留下來的筆記匆忙地將之集結成書）。

如同之前我們在《李自成的歸宿問題》中看到的，姚雪垠這個人，比起那些頭腦簡單、膽小懦弱的歷史學家們，是具有相當智慧眼光的。然而，此人畢生的力作，如前所述，最重要的核心部分不是童話，就是騙小孩的玩意兒，而且還不得不被世間現實的一舉一動牽著鼻子走。

所以說，小說《李自成》，從內容到執筆、出版、停頓的這整個過程，正好體現了在共產黨的政權下，文學不得不逢迎的悲劇。

四、背負十字架的落第書生
——洪秀全

往事如昨

洪秀全是活躍於十九世紀中葉，即清咸豐年間的一個盜賊頭目，他建立了一個以南京為首都的非常古怪的國家叫作「太平天國」。

不過，據說這洪秀全是個十分無趣的人。

至今為止我們說的那些盜賊，不論是漢高祖、明太祖，還是大順皇帝李自成，個個都是很有魅力的人。即使是壞蛋也有壞蛋的……怎麼說呢？我想也許可以說是「英雄氣概」吧！

但在洪秀全身上，卻讓人一點兒都感受不到那樣的氣概，他這個人實在沒什麼魅力。

洪秀全建立的太平天國也是一個讓人望之生厭的國家。一個幼稚而心胸狹隘的理想主義者，試圖去實現自己想像中的國家，某種共產主義社會，但後來無法全面將之實現，最後實際上只以暴力強制執行了某些部分，建立了一個殘酷而沒有人性的「國家」。那樣的一個太平天國，在中國，被學者們爭相吹捧，說成「偉大的農民革命運動」。

在今天的中國，「太平天國研究」是眼下歷史研究當中最盛行的一個領域，但那些「研究」實在是歪曲事實，顛倒是非。不是在進行深入研究後才得出結論說那的確是一場偉大的農民革命，而是首先以「太平天國是偉大的革命運動」為不可動搖的前提，然後展開研究，最後歸根究柢結論卻還是這句話，就好像在來回兜圈子一樣。

其實，在中國，太平天國受到推崇不是從現在才開始的，在二十世紀初就已經出現那樣的聲音了。

因為，從民族的觀點來看，太平天國是漢人與滿洲王朝的對抗。洪秀全自稱是「明太祖的後裔，太平天國乃是明王朝的再興」。因此，二十世紀初期，打著「滅滿興漢」旗號，致力於打倒滿清王朝的孫文等革命志士，就是以太平天國為自身民族鬥爭的大前輩而對之推崇備至。學者中又以簡又文為此派的大將，此人在共產黨得天下後逃往香港。

與此相對，共產黨則認為，太平天國乃階級鬥爭，洪秀全等人是階級鬥爭的偉大前輩。學者中以羅爾綱為此派的大將，此人在共產黨得天下後如魚得水。

不管怎麼說，中國的「太平天國研究」並不是為了探索歷史的真相，而是為了配合時代政治情勢或者政治要求的需要，一會兒向這邊轉一會兒向那邊轉。

太平天國研究最權威的學者王慶成，就中華人民共和國建國以來的研究史這麼回顧道：

「廣大的歷史工作者，以馬克思主義為指導思想，從事有關太平天國的研究，根據歷史唯物主義的理論與方法，駁斥了將太平天國曲解為宗教革命或民族革命的偏見，承認太平天國乃是反對階級壓迫與民族壓迫的偉大革命鬥爭。

我們在馬克思主義的指導下，對太平天國的歷史進行科學的研究，加深對該歷史過程的認識，並豐富勞動階級領導的革命鬥爭為引領農民朝向解放的真理。就這樣，史學工作者以自己的研究從各方面揭開我國近代社會發展的法則，直接間接地為無產階級政治鬥爭提供科學的基礎。（《太平天國研究的歷史與方法》）」

也就是說，證明「勞動階級（共產黨）才能解放農民這一真理」，以及「為無產階級（共產黨）的政治鬥爭提供參考資料」，才是他們研究太平天國的目的。

而且，這裡雖然說是「科學的」，但這就好像為了讓鞋子合腳而砍斷自己的腳一樣，為了配合馬克思主義理論而砍掉中國的歷史，這和我們所理解的「科學的」，完全是兩碼事。

順便再看看他們的一個「學術論爭」。

有一個名叫李秀成的人。他是太平天國後期的將軍，最後被官兵活捉，寫下了長達約五萬字的自白書（內容為太平天國的概史）後被處死。為什麼明知會被殺還要寫下自白書，據說那是因為他本人以為只要自白了，就有可能免於一死。

一九六三年，一個名叫戚本禹的學者寫了一篇關於李秀成的論文，說「他雖然在太平天國革命史上曾扮演重要的角色，但最後喪失了革命氣節，背叛了太平天國的革命事業」，據說這是暗指當時共產黨領導班子裡的某位具體人物（劉少奇或者什麼人）。由於毛澤東或其親信想要攻擊「某人物」，又不能做得太露骨，而要戚本禹寫下「李秀成是背叛者」。

戚本禹一度成為飛上枝頭的著名學者，但後來隨著共產黨高層權力關係發生變化就被整肅了。而且，隨著「某人物」的名譽恢復，歷史上的李秀成又變回「革命英雄」了。

剛才提到的王慶成在同一篇文章中這麼寫道：

「戚本禹掀起的李秀成批判，明顯地包含了政治陰謀。而且為了利用歷史策劃陰謀，嚴重扭曲了太平天國的歷史。

李秀成批判運動，由具體的歷史問題衍變為政治問題，不僅不容討論，以惡劣的手段對不同的意見進行抨擊，還在研究方法上助長了非科學的傾向。根本不是對歷史上的人物進行科學研究，而是進行政治鑑定。

戚本禹猖狂的時期，太平天國研究完全處於『虛假的繁榮、真正的窒息』狀態。」

這正是「五十步笑百步」。如果說把李秀成說成是「革命的背叛者」是一種「政治鑑定」的話，那麼，把他說成是「革命英雄」也是一種「政治鑑定」。如果說，戚本禹猖狂的時期是「虛假的繁榮、真正的窒息」，那麼，王慶成大顯身手的時期也同樣是「虛假的繁榮、真正的窒息」。在共產黨的手掌上，仰共產黨的鼻息，配合情勢東跑西竄，兩者沒有任何不同。

因此，中國的「太平天國研究」並不是為了探索歷史的真相，而是為了因應不同時期的政治需求，為歷史塗抹脂粉，當中充斥著濃重的腥臊味。

但是，再從別的角度來看，太平天國距離現代是那麼的近。畢竟只是一百數十多年前的事，在中國漫長的歷史之中，就如同昨天發生的事一樣。

身負全族人的期待

洪秀全是廣東的客家人，出生於清嘉慶十八年（一八一四年）。相當於日本江戶時期文化年間，第十一代將軍德川家齊的時代。

說到客家，這有些不容易說明，他們是在廣東等中國南方各省居住的特殊族群。他們也是漢人。只是，他們是在比較晚期才從北方集體遷徙到南方各地居住的。他們和原本就居住在南方當地的居民的分別，首先，說的是完全不同的方言，他們說的是客家話，其次，風俗習慣也很不一樣。由於他們是後來者，好的土地都已經被先來者占走了，所以他們只能居住在比較偏僻的地區，生活多半比較困苦，因此通常被先來者認為層次比較低，據說今天這一族群大約有二千萬人左右。

洪秀全出生於距離廣州北邊不遠的花縣郊外農村。他的家境在客家人中算是比較過得去的，洪秀全的父親讓家裡男孩中排行老三的洪秀全從小就開始讀書識字。

過去的中國社會，是由會讀書的少數人，和不會讀書的大多數人，這兩個階層組成的，讀的書就是統稱為「四書五經」的一些經典古籍。

讀書人多半是地主、資產家或者有權有勢的人，通過科舉考試後當官。這些人被稱為士大夫、讀書人，或者仕紳。

不讀書的人則從事體力勞動。就如孟子說的「勞心者治人，勞力者治於人」，前者是統治階層，後者則是被稱為「民」或「庶」的被統治階級。

讀書人與庶民的人口比例，隨時代的變遷多少有些變化，但基本上維持在讀書人五、庶民九十五這樣的比例。不過這兩個階級之間是有流動性的，一般庶民家庭也讓孩子讀書，孩子如果中了科舉，立刻就躍升為統治階級了。因此，從這層意義上，可以說那是一個比過去的歐洲或日本等更為平等，人們有更多機會翻身的社會。

但是，讓孩子讀書必須花費相當多的金錢。尤其是那些從來沒有出過一個讀書人的家族，必須讓孩子去學校學習或者聘請家庭教師，那就得花更多的錢了。

這個時候，全家族中最有上進心和領導力的男人就開始策劃，讓家族中看起來比較聰明的孩子將來去考科舉。全族人咬緊牙關過著減衣縮食的生活，供這個男孩上學，將所有的希望寄託在他的身上。經過十幾年或者幾十年的辛苦，如果一切順利，這個孩子中了舉，當上了官，那麼伴隨而來的地位、名聲、收入，當然不會是這孩子一個人的，而是這整個家族長期努力的成果，當然由全家族的人共同分享。作為結果，族裡所有人的孩子、孫子們也終於可以從小就開始讀書了。

如果這個計畫成功了，那麼這整個家族會因為這個孩子一人得道，而雞犬升天，最後成為所謂的「書香門第」。

夢中的啟示

洪秀全就是一個那樣從全家族裡被挑選出來的孩子。

洪秀全的宿敵曾國藩，也同樣是那樣的一個孩子。

曾國藩是受皇帝之託創建「湘軍」鎮壓太平天國的清朝大臣。剛才說的李秀成，就是被這個曾國藩活捉，寫下自白書後被殺死的。曾國藩的年紀比洪秀全大三歲。

曾國藩出生於湖南的一戶農家，但據說他的祖父是個相當了不起的人物，在務農以外，還養魚養豬，掙了不少錢讓兒子（也就是曾國藩的父親）受教育。可惜這個兒子是個凡胎，沒能有出息，但所幸隔代遺傳，生了個英才，順利中舉成為大學者、朝廷大官。

洪秀全的父親在客家人裡算是生活比較富裕的。身家可能不及曾國藩的祖父，但想要通過讓孩子受教育，以圖全家族的躍升，這一點是相同的。他的三個兒子當中，前兩個腦子都一般，就讓他們跟著務農，只讓從小就聰明伶俐的老三去村裡念私塾。

然而，洪秀全和曾國藩不同，他考科舉多次都沒能考上。集全家族人雞犬升天希望於一身的孩子，可以想見，屢次名落孫山造成的精神負擔該有多麼大。

道光十七年（一八三七年），二十四歲的洪秀全第三次落榜。他大受刺激而發高燒病倒，被人抬擔架送回家，四十天滴食未進，昏迷不醒。這期間，洪秀全做了一個不可思議的夢。這個夢是太平天國成立的重要契機，所以在洪秀全的傳記或關於太平天國的歷史等紀錄當中必然都有詳細的介紹甚至分析。

那個夢的內容，簡言之就是洪秀全在一個壯麗的宮殿裡見到一位老人和一位中年男人，接到了他們要他「擊退惡魔」的指示。

夢裡看到什麼，只有做夢的本人才知道，而且洪秀全是不是真的做了那樣的一個夢，誰也不知道。但在這四十天昏迷不醒之後，他的腦子似乎確實是出了些毛病。據說，他嘴裡開始不停地說什麼「我當上了中國的皇帝」之類的胡言亂語，所以他的父兄不敢再讓他隨便見人。

六年後，三十歲的洪秀全第四次考科舉，結果還是名落孫山。

耶和華的兒子

把歷史再往前回溯一下，從洪秀全出生的那個時期起，基督教的傳教士就開始在廣東傳教了。他們為了向中國人傳教，製作了一本叫作《勸世良言》的宣傳小冊子。這本小冊子的內容除了聖經的摘要以外，還有對儒教、道教和佛教的批評。洪秀全二十一歲第二次赴廣州趕考時，在街上曾拿到這樣的一本小冊子。但當時洪秀全對基督教什麼的完全不感興趣，所以隨手就不知道把它丟哪兒去了。

在他第三次考試失敗，高燒病倒時做了剛才說的那個夢，然後經過六年第四度應考又名落孫山後，偶然翻閱這本《勸世良言》小冊子時，他受到了巨大的衝擊。因為，裡面寫的內容，和他六年前做的夢完全相符。夢裡出現的老人是上帝耶和華，竟然就是自己的父親，而中年男子耶穌基督就是自己的兄長，因此，自己是上帝的次子，耶穌基督的弟弟，他從而明白了父親和兄長賦予了自己從惡魔手中拯救世界的使命。

要說起來，他好歹也是個從小飽讀詩書，已經年滿三十的知識分子，怎麼會想到那兒去呢？一定是洪秀全在第三次落榜發高燒病倒後，腦子出了毛病，第四次落榜這致命的一擊，家族鄉黨期待的重壓，加上自己無顏見江東父老的羞愧感，把他逼瘋了。

或者，洪秀全是一個極度冷靜頑強的人，那麼，他也許是這麼想的——通過科舉考試成為高官以獲得金錢、地位和名譽的路，眼見已經走不通了。但是，在村裡當個老師（實際上他在考試和考試之間的日子裡曾在私塾裡教過書），過著一輩子以孩童為對象的生活，想起來也很鬱悶。於是他想出個異想天開的妙招，當新興宗教教主，揚名天下，讓那些瞧不起自己的村人大吃一驚……。

說自己在夢裡見到耶和華和耶穌，被賦予使命，說自己是上帝的兒子、耶穌基督的弟弟，那樣的故事對一般正經的人是行不通的，但山間僻地的愚民當中也許會有人相信，於是他就編出了那樣的故事。

如果不是這樣的話，說六年前做的夢能夠正確詳細地記得一清二楚，實在令人難以置信。

教祖開業

不知道到底是因為他腦子出了毛病才開始的，還是他在冷靜地進行走邪門歪道的計劃下開始的，總而言之，在他第四度名落孫山那一年，道光二十三年（一八四三年），三十歲時，洪秀全創辦了「拜上帝教」這個新興宗教。「上帝」即耶和華，因此，「拜上帝教」就是「教人拜耶和華」的意思。

洪秀全的新興宗教雖然說什麼耶和華、什麼耶穌基督，確實是從基督教那兒得到啟發，但它並不屬於基督教。洪秀全也就不過讀過那一本小冊子而已，不可能詳細了解基督教，更不可能會知道基督教根基所在地歐洲的社會或各種思想了。洪秀全腦子裡裝的，只有他從小到大為了考科舉而熟記的四書五經那些儒教思想而已。因此，拜上帝教其實是一個以儒教倫理為主體，披著基督教外衣的中國新興宗教。它的主旨是，消滅「妖魔」，實現孔子所指示的「大同世界」（公平、平等的世界）。

雖然說是以儒教倫理為主體，但拜上帝教卻沒有儒教倫理中所保有的寬容內涵。對異端，或者對不服從規律者毫不寬待，那種嚴厲，是來自基督教，還是源於洪秀全的性格不得而知，但總而言之，那種嚴厲是太平天國成功的原因，同時也是滅亡的原因。太平天國因為那種嚴厲的統治而成功地建立起強大的軍隊，但對自己人絲毫不寬待的那種殘酷的內部暴力也將它導向毀滅。

洪秀全說服了和他差不多同年紀的一個名叫馮雲山的人當他的夥伴，二人開始展開傳教活動。

馮雲山這個人的境遇和洪秀全十分相似。同樣出身於一個比較富裕的客家人家庭，從小就開始讀書準備考試，但科舉屢試不中，就在私塾裡當老師。

入教以後，馮雲山全心投入傳教活動，甚至比教祖還積極。於是，洪秀全就給了他耶和華第三個兒子的名分。

不過，二人的傳教活動在廣東一直開展得不順利。二人於是決定轉赴西邊的廣西省，進入山區向農民們傳教。在那兒，他們取得了巨大成功，信徒愈來愈多。

馮雲山了不起之處在於，即便是當上了上帝的第三個兒子也不驕傲自大，一直秉持著謙虛的態度，說不管怎麼樣，真正偉大的還是耶穌基督的弟弟「洪先生」，自己只是其手下的傳教者而已。因此，通常是馮雲山一個人進入山裡，大力宣傳「上帝為了拯救大家，特別派了自己的次子洪先生來到這個世上」，然後等時機成熟後，「洪先生」一現身，人們就感激地向洪秀全朝拜。

五人領導小組

兩人傳教的地點是在廣西省的紫荊山區。廣大的山區只有一些零星的小村莊，附近一個大城市也沒有。他們以這個紫荊山區為中心，只偶爾向外擴展到周邊地區，在六年左右的時間裡，兩人就獲得了一萬名左右的信徒。

其中，成為拜上帝教領導小組成員的有四人。

一人名叫楊秀清，是個燒炭的，年紀比洪秀全小幾歲。地位僅次於馮雲山，是上帝耶和華的第四個兒子。

一人名叫蕭朝貴，是廣西的壯族人，也是個燒炭的。年紀和楊秀清差不多，是上帝的第五個兒子。

一人名叫韋昌輝，年紀比前兩人要小一點，是個有錢地主的兒子，用錢買了個「國子監生」（國立大學的學生）的學籍，是個小裡小氣的鄉下文人，是上帝的第六個兒子。

還有一人名叫石達開。他比其他人年輕許多，比洪秀全小十七歲，信教時還是個不到二十歲的少年，是個客家富農的兒子，他是上帝的第七個兒子。

從後來發生的種種事情來看，這四人當中，似乎只有最年輕的石達開還算得上稍微比較正派。

這四個人加入以後，從次子洪秀全到七子石達開，這六個人的排行看似上下關係分明有序，但其實並不盡然，所以，問題相當的複雜。

因為，有的時候會出現上帝耶和華附身在楊秀清身上，或者耶穌基督附身在蕭朝貴身上那樣的事。在附身的這段期間，當然楊秀清和蕭朝貴就比洪秀全還偉大，他們說的話，就是父親的命令、兄長的指示，即便是洪秀全也必須絕對服從。

這就像是日本的「神靈附體」、「招魂術」。中國從更早以前民間就有，據說過去在南方尤其盛行。

最初，耶和華和耶穌附身在二人身上時說的都是「洪秀全正是神的兒子、耶穌基督的弟弟、現世的王」，或者「秀全呀！你要率領弟弟們平定天下啊！」之類的囑託。想來大概是洪秀全和這兩人暗地串通起來欺騙信徒，為了把洪秀全神格化而演的一齣戲。

不過，慢慢的，楊秀清發現，只要在人前假裝上帝附身，洪秀全就一定會對自己畢恭畢敬，於是，他開始時常假借上帝附身說：「秀全啊！你得多加尊重楊秀清才行啊！」之類的，漸漸的，到底是誰的地位比較高，這一點就變得模糊了（裝耶穌基督的蕭朝貴後來在較早的階段就戰死了）。

金田村的起事

從道光三十年（一八五〇年）到翌年，即咸豐元年（一八五一年）這一期間中，拜上帝教的教徒們開始在位於紫荊山山區的金田村一帶，展開武裝鬥爭。

「從……到……這一期間中」是個含糊不清的說法，但事實上就是這樣的。洪秀全對各地的教徒們發出指令，讓他們「按出身地區分別集合，集結到金田村來」。教徒們把房子、田地、財產都處理好後，舉家集結到各地區的集合地，集合好以後出發前往金田村。形跡可疑的集團緩緩移動，自然會遇到一些村子的自衛警備團和官兵的阻撓，衝突於是爆發。戰鬥就那麼開始了，所以，到底是何年何月何日起事的，也不好說。

雖然面臨那樣的情勢，洪秀全他們還是集結了教徒，所以，想必當時他們已經下定決心要以武力推翻清王朝了。

為何會想要那麼做呢？一個原因可能是，洪秀全已經不再滿足於當一個新興宗教的教祖。另一個原因則是，由於拜上帝教反對偶像崇拜，教徒在各地砸爛廟裡的孔子像等神像，引起各地知識分子、有力人士和一般民眾愈來愈強烈的反感和圍攻。於是，他們就有必要團結一致，以武力與之對抗。

洪秀全和教徒們，到咸豐元年的秋天為止，一直在金田村一帶一邊流動一邊作戰。十月，在攻陷金田村百公里以北的永安州這一稍大的城市後，他們在那兒一直待到翌年四月。據說最初揭竿而起時只有大約一萬人，然後人數慢慢增多，到了這個時候，整個集團已經增加到了大約有三萬人，當然這當中包括了老人、女人和小孩。

在這段期間，組織也逐漸成形了。

首先，他們定國名為「太平天國」，洪秀全即位為「天王」。不像「宋」、「明」、「清」等取個單名的國號，而叫「太平天國」，不叫「皇帝」，而叫「天王」，這好像多少有點兒洋味，和「人民共和國」、「主席」什麼的也相去不遠了。領導班子的其他人也都被授予職位和封號。耶和華楊秀清為「左輔正軍師、中軍主將」、「東王」，耶穌基督蕭朝貴為「右弼又正軍師、前軍主將」、「西王」，馮雲山為「前導副軍師、後軍主將」、「南王」，韋昌輝為「後護又副軍師、右軍主將」、「北王」，石達開為「左軍主將」、「翼王」。除此之外，各人還分別享有稱號，東王楊秀清為「九千歲」，西王蕭朝貴為「八千歲」，南王馮雲山為「七千歲」，北王韋昌輝為「六千歲」，翼王石達開為「五千歲」。另外，當然，洪秀全就是「萬歲」了。這些稱號，說是幾千歲，實際上誰也不可能活到如稱號那麼大的歲數，但對擁有稱號的那些人來說，這可是件大事了。後來，東王楊秀清就假借耶和華附身，強迫洪秀全把他也升格為萬歲，而和洪秀全之間爆發嚴重衝突。

李秀成參軍的經過

展開戰鬥以後，洪秀全立下了軍規，一共有五條。

一、尊條令。
二、別男行女行。
三、秋毫莫犯。
四、公心和睦、各遵頭目約束。

五、同心合力，不得臨陣退縮。

其中第三條「秋毫莫犯」，是自古以來志在奪得天下的大盜賊必定要說的，意思就是不得掠奪一般人的金錢和財物、侵犯女性，或燒人房屋。太平天國軍規定，右腳踏入民家者砍右腳，左腳踏入民家者砍左腳，非常的嚴厲。

這一軍規和八十幾年後毛澤東制定的「三項紀律六項注意」十分相似（後來「注意」增加了兩項，成了「三大紀律八項注意」）。三項紀律是「一切行動聽指揮」、「不拿群眾一針一線」、「一切繳獲要歸公」。「六項注意」則包括了買賣公平、借東西要還、損壞東西要賠償等等。用詞稍有不同，但思路是一致的，都是建立在「服從紀律、統一行動」、「不要引起一般民眾的反感」這兩個基礎之上。

但是，上述這些再怎麼說都只是規定而已，如果以為有了規定，大家就會照著做，那就好像以為在時速限制為五十公里的道路上，大家開車就不會超過五十公里一樣，根本是不切實際的。

想一想那是數以萬計的人，既不種稻也不養豬，每天還得吃飽了到處轉，無論如何他們必定要通過某種方法從別人那裡獲得食物，這一點是毫無疑問的。

先前提過的李秀成，那個被曾國藩活捉以後遭到處死的將軍，在他的自白書中敘述了他加入太平天國軍的經過。李秀成是大黎里村出身的農民，他的一家人是在太平軍從村裡通過時全部一起參軍的。他寫道：

「西王與北王的軍隊在大黎里駐屯五天，一個村接著一個村地把里內所經之處所有的糧食和衣物等全都拿走了。連村民們藏在深山裡的糧食，也全都拿走了。西王在我家附近的民家留宿，跟大家宣布說：『所有拜上帝的人都不必逃，有飯大家一起吃，要比逃走強得多』。我家很窮，所以一聽說有吃的，就決定不逃了。參軍時，皈依拜上帝教的人全都被命令放火燒掉自己的房子。人們因為太貧窮沒有飯吃，所以就跟著太平軍走了。鄉下人顧不了日後的路途有多漫長，但遠離家鄉後也沒有人敢回頭，因為後面有官兵在追趕著，那比什麼都還要更可怕。」

李秀成這個人小的時候曾跟著他的外祖父讀了三年書，不過大概從來沒有寫過文章。再加上這份自白書，是他以每天寫七千字的速度完成的，因此，跳躍和重複之處甚多，文章前後連接不好之處、詞不達意之處也不少，是篇典型的拙劣文章，但大體上的情況交代得還算是清楚的。

關於太平天國的書（包括中國的和日本的）上都寫說，太平軍所到之處都受到貧困農民們的熱烈歡迎。事實上根本沒有那回事。看到李秀成寫的「要比逃走強得多」，我們就可以想像，大多數能逃得了的還是都逃走了。另外，太平軍說「信教者不必逃」，那麼，對那些不想信教的人而言，看來還是逃走才是上策。

太平軍不僅把農民家裡的糧食搶走，還把農民們藏在山裡的糧食也都搬光了。同意信教的人，就被命令燒掉自己的房子。這麼一來，吃的東西沒了，住的地方也沒了，一家人除了跟著太平軍走以外，再也別無選擇。史學家們說：「農民們陸陸續續投入革命軍」，其實，農民們只不過是跟著食物走罷了。

道理是顯而易見的。農民不可能為了「革命」、「理想」那些抽象概念，輕易地離開自己的土地。加入盜賊的行列，就意味著必須完全捨棄自己生長的村莊、農田和從事的農業，開始過著四處流竄掠奪別人東西過活的日子。太平軍或共產黨說的「參加革命的農民」，我想大概都是一些原本就沒正經務農的農村閒民或者繼承不了家業而前途迷茫的次子三子，要不然就是像李秀成他們那樣，已經被逼得走投無路，不得已才跟著走的人們吧！

「長髮賊」

太平天國軍於咸豐二年（一八五二年）六月由老巢廣西北上，經湖南、湖北、安徽，於翌年三月抵達南京。

這九個月左右的期間，太平天國軍完全就等於流寇。他們每攻陷一個城市，不久就把它放棄，然後向下一個城市移動。以那樣的方式直行北上到達長江，然後沿長江向東直到南京才停下來。

這期間，在湖南與官兵的作戰中，洪秀全最老的夥伴南王馮雲山陣亡，隨後不久，裝耶穌基督的西王蕭朝貴也戰死了。

太平軍的人數以極快的速度暴增。由最初的大約一萬人，進入湖南時的約三萬人，攻陷湖北武昌時的五十萬人，到了攻陷南京時，已經超過二百萬人，其中戰鬥人員約有十萬人。據說，男女的比例為，男一百八十萬、女三十多萬左右。

自從太平軍開始有能力攻下大城市以後，他們掠奪的對象也出現了變化，改為專門掠奪有錢人。史學家們對此讚不絕口，說他們這是「愛護窮人，打擊剝削者」的行為。但實際上那是怎麼一回事呢？自古以來盜賊當然是以有錢人為掠奪目標了。在廣西的山區裡根本沒有什麼了不起的有錢人，所以他們就連貧窮百姓藏起來的糧食也不放過，但是到了城市以後，他們就沒有必要再搶那些窮人了，因為隨便一下手就能大撈一筆的地方要多少就有多少。

首當其衝的便是清朝地方政府的官員。太平天國從一開始，就以打倒妖魔的滿洲王朝、復興漢人的天下為口號。贊同這一目標而加入太平軍的人，全都剪掉自己的辮子並蓄長髮。辮子是滿洲的風俗，把腦門子剃得光光的，然後把腦後部的頭髮編為繩狀，長長地垂下。清朝將這一風俗強加於漢人身上。太平天國廢除辮子，並將頭髮留長，因此，清朝官方稱太平天國為「長髮賊」，民間則稱之為「長毛」。

太平天國在從廣西出來以後一直特別強調這一「滅滿興漢」的主張，因此他們對滿清王朝手下的政府官吏帶來很大的衝擊。

加入太平天國軍的人們

太平軍參加者的來歷，似乎是在進入湖南以後漸漸出現變化。

首先，土匪和會匪的集團一個接著一個加入。

土匪就是在各地區內橫行的盜賊。

會匪，則是像「天地會」之類的黑幫集團。這類集團在中國南方各地都有，但並沒有一個完整的組織或者指揮部，而是各地的各個集團隨意地分別進行活動。據說天地會的名字好像是「尊敬天父地母」的意思，不過也有史料寫成「添弟會」。發源於清朝初年，主旨雖定為「反清復明」，實際上並不是什麼高級的政治團體，而是一個流氓集團。

其支流有哥老會、小刀會、紅錢會等等，都屬於同一類的組織。後來的共產黨軍總司令朱德也是哥老會的成員，據他後來告訴史沫特萊，在入會時還曾歃血為盟。

土匪和會匪大規模地加入太平天國，大概是因為太平天國的組織有紀律而且相當強大，「大樹之下好乘涼」吧！

不過，據說天地會的老大之中有不少人在加入太平軍後，因為受不了「拜上帝」、「不准侵犯婦女」、「不准吸鴉片」、「搶來的東西要交給組織」等繁瑣的規定而逃走，然後加入官兵一邊的，官兵那邊似乎並沒有那麼多囉嗦麻煩的規定。

以個人身分加入太平天國者，在進入湖南以後，從事礦工和水運的人就多了起來。

中國自古以來各地就有挖掘煤和鐵等的官營礦山。在那些地方工作的礦工以性格粗暴者居多，因此經常發動騷亂。明末時，李自成等陝西地區的盜賊，以逃兵和驛卒為主，而河北及山東的盜賊則以礦工出身者居多。一九二〇年代毛澤東在湖南、江西省境內開始造反時，主力之一就是礦工。

此外，在長江沿岸地區，水夫、拉船夫、港口的搬運工等水運相關的勞動者眾多，這些人也都大多性格粗暴。元末之際，在長江流域建國，最後遭朱元璋消滅的陳友諒，其手下也是以水運關係者居多。

由於這些人的不斷加入，僅在短短九個月之內，人數就從三萬膨脹到了二百萬人。

「天京」的新宮殿

洪秀全於咸豐三年（一八五三年）三月占領南京後，把南京改名為「天京」，並將之定為國都，在天京及其統治的地區著手開始建設一個理想國。

首先，在天京興建雄偉壯麗的宮殿，稱之為「天王府」。

中國的歷史是王朝更替的歷史。新的勝利者在奪取天下以後，通常放火把前朝的宮殿燒個精光，然後重新建造自己的宮殿。最有名的就是項羽放火燒秦始皇蓋的阿房宮，花了三個月才燒盡。日本人比較小氣，總覺得可惜，認為既然已經有了那麼好的建築，就應該高興地接收下來好好利用才對。但中國人器量大，才不那麼想。既然拿到了天下，就等於掌握了全中國的財富，宮殿要蓋多少有多少，而且只有興建新的宮殿才能向天下表明自己是中國的新主人。日本的明治天皇，在明治維新大政奉還後，住進了德川將軍的舊宅。要是換成中國人的話，肯定要把江戶城燒了，在丸之內[7]一帶興建新的宮殿。

7【譯注】：日本皇宮所在的地區。

由於每逢王朝更替都要燒毀前朝的宮殿建築，因此，中國雖為文明古國，建築卻不那麼古老。這就是為什麼單是看宮殿建築，日本看起來像是一個比中國更古老的國家。

以興建新宮殿為創建新王朝的印記，一直到中華人民共和國的人民大會堂為止綿延不絕（人民大會堂雖以「人民」為名，但人民可不是隨便就可以進去的，因為那是共產黨的宮殿）。

中國歷代的王朝，把前朝的皇宮拿來繼續使用的，只有滿洲人的清朝。滿洲人和日本人一樣同為弱小民族，比較節儉吝嗇，所以就直接把明朝的紫禁城繼承下來。

回來說洪秀全。南京是江南第一大城市，雄偉的建築自然是不缺的，但洪秀全把那些建築都破壞掉，建造新的宮殿，然後，身居宮殿深處，每天在上百名後宮佳麗和上千名宮女的圍繞下，躲在溫柔鄉裡，只是偶爾從深宮中發出最高指示，完全足不出戶。政務和軍務都交由東王楊秀清、北王韋昌輝和翼王石達開去打理。

太平天國的作風和過去的盜賊不同之處在於他們對男女之別極度嚴格。從造反初期開始，男軍與女軍就被分開，並禁止接觸。

規定嚴厲到即便是夫婦一同參軍，也不允許雙方對話。但天王洪秀全等諸王，則從一開始就有妻妾相伴，實在是很不公平——其實說不公平那也是我們的偏見，總之，王和士兵的待遇完全是天壤之別。

東王楊秀清等特別喜歡年輕（應該說是年幼）的少女，作戰時也總是帶著一群十幾歲的美女在身邊。

不過，即便同樣是王，萬歲、九千歲、八千歲……身邊能有多少名少女，也都依照等級有明確規定。比如說，天王一百人，東王三十六人，北王十四人，翼王七人。

究竟是根據什麼規定得出這些人數，著實耐人尋味。

不承認一切私有財產

在占領南京不久後，洪秀全就頒布了一部名為《天朝田畝制度》的法令。該法令規定了太平天國這個國家的基本構造，也就是一部像憲法那樣的東西。

這個《天朝田畝制度》非常接近共產主義，甚至可以說，它就是共產主義，其根源就是不承認一切私有財產。在農村，所有的土地都是神的，種出來的莊稼也都是神的，因此，這些全部都要交到神的兒子，也就是天王的手中，然後再由天王公平、均等地分配給所有人。

這和共產黨的人民公社完全是一個道理——從土地到農具、家畜等全都是公家的（也就是黨的），在黨的指揮下大家秩序井然地工作，收成由黨平均分配給所有的人。

城市裡所有的商業活動都停止了。商人和資本家所持有的金錢和財物都被迫貢奉給神，其實就是沒收了，然後收入國庫（稱為「聖庫」）。日常的生活必需品，如食品、衣服、器具等不能少，因此，豆腐店、鞋店和建築工人等全部都被編入公務員系統，依職種組織起來，生產品由太平天國的官廳負責分配。

最奇怪的是，軍隊中把男人和女人分開的做法，被照搬到城市生活裡。政府設置了「男館」和「女館」之類的設施，所有的男人被收容在男館，所有女人被收容在女館，做妻子的就連到男館去交東西給自己的丈夫也被禁止。

據說進行這麼一個不近人情的制度的理由是，太平天國雖然已經以天京為中心建立起國家，但在周邊地區還在不斷繼續與官兵作戰，為了怕影響軍心，才把城市居民也都按照軍隊的方式編制。但是，太平天國的軍力縱然強大，這樣違反人性的制度還是行不通的。逃亡、男館盛行雞姦、男扮女裝混進女館造成婦女懷孕等種種混亂不斷出現，沒過幾年，這一制度就完全破產了。

此外，基於上述《天朝田畝制度》而實施的種種政策，和剛才說的軍規一樣，決定去做是一回事，是否能照那樣去實施則又是另外一回事了。總的來說，商業的廢止、男女的分開管理等在城市裡實行的政策相對來說被相當嚴格地執行，但農村的共產主義實際上似乎並沒有進行得那麼徹底。

中國的學者這麼評價《天朝田畝制度》：

「《天朝田畝制度》是基於洪秀全的《原道救世歌》、《原道醒世訓》等著作的平等思想。這些不僅是解決農民土地問題的綱領，也延續到政治、思想、文化與生活等各個方面。在那以前，中國農民戰爭的歷史上，從未出現像這樣有體系的綱領。《天朝田畝制度》的誕生，是太平天國將中國農民革命推向另一個新高點的標誌。

《天朝田畝制度》將『殺敵』和『耕種』聯繫在一起，體現了洪秀全思想層次的高度。他沒有忘記殺敵的目標，同時也沒有忘記發展農業生產。農民革命的鬥爭目標，在這一

綱領中，是完整而明確的。」（茅家琦，《太平天國興亡史》，一九八〇）

這裡說的「將殺敵和耕種聯繫在一起的洪秀全思想」是與「掌握革命、促進生產」的「毛澤東思想」重疊的。

然而，據同為茅家琦先生主編的《太平天國史研究第一集》（一九八五），論文中寫道：「天朝田畝制度為空想的產物，與面向資本主義生產的時代潮流是背道而馳的，是一個沒有現實性、落後的、反動的制度。」不明白內情的人可能會為他的自相矛盾而大吃一驚，但其實這一點兒也不奇怪。在一九八〇年到一九八五年這幾年間，中國共產黨廢除了人民公社，並開始宣傳說完全平等主義是阻礙生產發展的落後、反動思想。

中國學者的學說轉變，跟研究的結果本身出現變化完全沒有任何關係，而是隨著現實政策的變化而改成什麼樣都有可能的。從這個例子就可以看到，中國學者們寫的，從來就不是被稱為「學說」之類的那麼尋常的東西。

天王與東王的鬥爭

天王洪秀全和東王楊秀清自從占領南京之後，就一直關係惡劣。如之前所提過的，這兩人，究竟誰尊誰卑非常難說。當然，以個人的身分來看，至尊的天王洪秀全理應是地位最高的，但楊秀清可以耍上帝耶和華附身那一招，什麼時候起乩，要說什麼話，都是楊秀清自己隨便說了算。

要是像過去只有少數幾個人一起傳教的時候，還可以找到兩人獨處的機會，洪秀全也可以私下要求楊秀清不要再演這齣戲了，但如今，一個成了天王，一個成了東王，身邊總是眾星拱月地跟著一大批人，兩人再也沒有機會坦率地說些私話了。

很快的，在攻陷南京那一年的年底，就發生了東王對洪秀全處以棍刑四十大板的事件。

原因是，洪秀全因某件小事痛毆他的宮女，還殺死身邊的侍從。東王聽說以後，立即以上帝附身的名義降臨天王府，質問洪秀全道：「治天下者必須對人寬容。你怎麼說？」洪秀全撲地懺悔道，「是我不好」，於是楊秀清就當眾以上帝之名，打了洪秀全四十個大板。

在中國悠久的歷史上，皇帝在眾目睽睽之下挨自己臣子的揍，恐怕是極其罕見的，洪秀全的憤怒不難想像。

楊秀清對其他地位高的人也非常嚴厲。

北王韋昌輝原來在太平天國排名第五，但由於攻陷南京前，排名第三的西王與排名第四的南王都戰死了，因此，到了天京以後，他的地位就僅次於洪秀全、楊秀清，排名上升為第三了，這個韋昌輝也被楊秀清整了。

那是在攻下南京後第二年發生的事。那一年，太平軍在西邊和曾國藩的湘軍發生船戰，韋昌輝派了手下官員張子朋率水軍前往作戰，但是，這個張子朋是一個非常善變的人，一天得更改好幾次命令，只要部下不按照他說的去做，就被他處死，因此，還沒抵達戰場，部隊就已經潰不成軍了。楊秀清喚回了張子朋，對其處以棍刑一千大板，然後又追究軍隊總指揮韋昌輝的責任，也對之處以棍刑數百大板。據說，韋昌輝被打得有好一陣子無法站立，他對東王的恨就不難想像有多深了。

除此之外，還有一個名叫秦日綱的人，他從洪秀全在廣西和馮雲山一起傳教時就擔任教團幹部，造反後被封為「天官正丞相」，亦即首相，並在天京建國後，被封為「燕王」，排名在石達開之後，位列第五。這個秦日綱也被楊秀清整了。

經過是這樣的：有一天，秦日綱的一名馬夫坐在燕王府門口，剛好楊秀清的一個叔父從門前經過，這個馬夫卻沒有行禮，結果，叔父大發雷霆，拿鞭子抽了馬夫二百下後，仍不能平息怒火，還要求馬夫的主人秦日綱嚴厲處罰這名馬夫。秦日綱沒有理他，叔父就把這名馬夫告到官府。官府負責審理案子的侯爵黃玉昆，聽完案情後，認為都已經抽了馬夫二百個鞭子，沒必要再追究，就把此案擱置在一旁。於是，叔父就跑到姪兒東王楊秀清那兒去訴苦了。

楊秀清完全聽信他叔父的片面之詞，立即下令逮捕有關人員，以馬夫的主人秦日綱有失監督之責為由，對其處以一百大板棍刑，又以判官黃玉昆沒有做出適當審判為由，對其處以三百大板棍刑，外加剝奪侯爵封號，降格為一般士兵，而馬夫則被處以五馬分屍之刑。五馬分屍是一種死刑，把人的頭和四肢分別綁在五頭馬身上，讓馬同時朝五個方向出跑，使人瞬間碎屍萬段。不過就是一個打招呼的問題，但有的時候人要鬧起彆扭來，那可不是一般的複雜和麻煩。

被楊秀清濫殺和濫刑的人，除此之外還不知道有多少。被處罰的人當然也多少有些罪有應得，但也有像馬夫事件這樣，粗暴且無理至極的事件。不論是何種情況，被處罰的人以及他們的家屬和部下，對楊秀清肯定都是懷恨在心的。

天京事變

咸豐六年（一八五六年）八月下旬，楊秀清又假借上帝附身，把洪秀全叫到東王府來。據說，洪秀全從天王府裡出來，就只有這空前絕後的一次而已。

上帝附身的楊秀清，命洪秀全跪下，並斥責他道：「你和東王都是我的兒子，可是東王立了那麼大的功勞，怎麼是九千歲呢？」

洪秀全戰戰兢兢地回答道：「東王平定了天下，當然是萬歲了。」上帝又接著責備說：「可東王的繼承人怎麼僅僅是千歲呢？」洪秀全又戰戰兢兢地道：「東王是萬歲，東王的繼承人當然也是萬歲了，其子子孫孫也都是萬歲。」上帝聽了大悅道：「那我這就回天國去了。」一到了這個地步，一直隱忍不發的洪秀全，再也忍無可忍了。他立即下密詔讓在外地征戰的北王韋昌輝「立即回都討伐東王」。北王早就想報棍刑之仇，立刻帶著三千敢死隊回來，深夜突擊東王府，把楊秀清和府內男女老幼四千人，全都殺死，一個不留。

京城各地駐屯的楊秀清直屬部隊，在接獲急報後也開始展開反擊，就在不知將鹿死誰手之際，在外地征戰的燕王秦日綱，也為了一雪東王殺馬夫一事之恨，在沒有接到任何詔書的情況下，便擅自率領軍隊回京為北王助威。最後，楊秀清屬下的文官和士兵加起來，大約有三萬人死於這場混戰。

翼王石達開原本駐屯在長江上游的安慶，聽說北王在天京大開殺戒，急忙趕回天京試圖勸諫北王，沒想到北王不領情，還打算連石達開也一起殺，因此，石達開匆忙逃出天京返回自己的駐屯地安慶。北王為此大發雷霆，把石達開留在京裡的家屬全部殺了。

石達開在安慶整軍，擺出了要出兵進攻天京的陣勢。洪秀全大吃一驚，趕緊把韋昌輝叫來殺了，然後派人把他的首級送到安慶去安撫石達開，石達開於是回心轉意，放棄出兵。此時，燕王秦日綱也遭洪秀全殺害。石達開回到天京，被任命為太平天國政治上的最高領導人，但洪秀全卻開始懷疑石達開覬覦自己的地位。感到人身安全受到威脅的石達開，於是又率領自己的軍隊逃出了天京。

之後，石達開的活動與天京的太平天國再也沒有關係了，但他仍然打著太平天國的旗號，轉戰江西、浙江、福建、湖南、廣西、貴州、雲南、四川等地，一直到七年後的同治二年（一八六三年），才在四川進退維谷，投降清軍，最後被處以死刑。

以上就是「天京事變」的梗概。

無用的清朝正規軍

經過咸豐六年的天京事變，五年前和洪秀全一起造反的五名最高幹部，一個都不剩了。讓我們再重新算一次，西王蕭朝貴和南王馮雲山在占領南京前就戰死了，東王楊秀清死於北王韋昌輝之手，北王則為洪秀全所殺，翼王石達開最後逃走了。

不過，即便到了這個地步，在此之後太平天國依然繼續撐了八年之久。

其中一個原因是，把東王、北王、翼王等幹掉以後，洪秀全提拔的李秀成、陳玉成等年輕將軍發揮了很大的作用。陳玉成據說是一個非常有才幹的人，在和李秀成一樣當上軍隊的最高指揮官時，僅有二十一歲。

除此之外，還有一個原因，那就是清朝的正規軍實在太弱了。

這裡終於要輪到曾國藩的湘軍出場了。在談到湘軍之前，我得先就清朝的軍隊做一下說明。

清朝最初的軍隊為八旗兵，分別以黃、白、紅、藍等顏色的旗子為記號，分為八個部隊。原來當然是只有滿洲八旗（滿人部隊），但從皇太極的時候起，就增設了蒙古八旗（蒙古人部隊）和漢軍八旗（漢人部隊）。

明末清初時的八旗很強大。李自成軍，那個在國內橫行、如入無人之境的李自成軍，被滿清的八旗軍打得滿地找牙，這之前我們都說過了。但在北京建國後，八旗軍就逐漸貴族化、軟弱化，最後就根本不成樣子了。到太平天國時期，八旗還有大約十五萬人，但基本上已經發揮不了什麼作用。

滿清占領了全中國以後，清軍的主力就不再是八旗，而改為綠營。那是因為以綠色的旗子為記號，所以稱作綠營（「營」為軍團之意）。這是一支全部由漢人組成的部隊。到清朝中葉為止，這支部隊由於四處征戰討伐盜賊而十分活躍，但後來也逐漸式微了。到了太平天國時期，雖然還有六十萬人左右，卻早已喪失粉碎太平軍的力量。

綠營是一支世襲的軍隊，士兵的家被稱為「兵籍之家」，在那家裡出生的男兒代代長大了都去當兵。當兵收入很低，光靠這微薄的收入養活不了一家人，所以，這些士兵們表面上說是去兵營接受訓練，實際上則是出城去做買賣，做手藝活，或者以賣藝為生。一旦發生戰事，才把這些人找回來做他們的本行，讓他們去出征，可想而知，那是一點兒勝算也沒有的。

曾國藩說過，綠營有種種的不是，但致命的弱點在於「敗不相救」。據曾國藩的觀察，綠營的兵，「就算一個部隊大敗，血流成河，另一個部隊也只會在一旁看熱鬧，一個勁兒地傻笑，見死不救」，如此就更不可能打得了勝仗了。

曾國藩創建湘軍

由於八旗和綠營實在發揮不了作用，清中葉以後，清政府開始採取必要時在必要的地方組織軍隊，不用了就解散的方式，稱為「勇營」或「團練」。

「勇營」是地方政府出錢組織的，所以也稱作「官勇」。「勇」是臨時軍的意思。相對於八旗、綠營等正規軍被稱為「兵」，有事之際臨時編成的軍隊被稱為「勇」。

「團練」是地方的有力人士等一起拿錢出來組織的，是一支為了保衛當地而設的自衛軍那樣的組織。「團練」是「集合訓練」的意思。

不過，「勇營」和「團練」的區別並不是那麼清楚。團練的軍隊也用「勇」這個字，比如「鄉勇」、「團勇」等等，鄉勇的規模大到一定程度以後，則由地方官府負擔經費，有時也出動前往其他地方執行任務。

曾國藩的「湘軍」，就是上述這種臨時軍。不過，其規模之大、兵力之強，以及作戰範圍之廣，都是劃時代的。原本是團練，但由於是曾國藩拿了政府的巨額預算去組織的，故其性質屬於官勇。因此，這支軍隊正式的名稱是「湘勇」，但一般都稱之為「湘軍」。「湘」是湖南省的別稱。

咸豐三年初，說來正好是太平天國軍由湖南轉向湖北興風作浪之際，曾國藩（這一年四十三歲）因母親去世，為守孝而從京城返回故鄉湖南。這時，他接到了皇帝要他擔任「團練大臣」的命令。據說與他同時被任命為團練大臣的在全國各地有四十多人，不過，這些團練之中，後來特別出名的只有曾國藩組織的湘軍而已。

曾國藩一直以來就認為單靠綠營是戰勝不了太平天國的，因此，趁著這一機會，決心組建一支真正能作戰的強大軍隊。不過，話雖然這麼說，他卻沒有一個可以學習的模範。要是再晚幾年，他肯定就會以西洋的軍隊為模範了，但在當時，還沒有那樣的環境。於是，曾國藩決定以無用的綠營為反面教材，組織一支和綠營完全相反的軍隊。

譬如，綠營是世襲的專業軍隊，曾國藩就讓湘軍徹底成為一支非職業化軍隊。綠營是「官」的軍隊、「公」的軍隊，因此，曾國藩就讓湘軍成為一支徹底的地區軍隊、「私」的軍隊。

身為總指揮官的曾國藩本身當然是個文人，他從自己的年輕門生當中挑選出正直、勇敢、淡泊名利的讀書人來擔任將校，再由這些將校們各自分別挑選出和自己親近的、值得信賴的人為下士官，然後再由這些下士官們從自己的村裡挑選出健康質樸的年輕農民為士兵。全軍都是湖南人，而且是在一個相當狹小的範圍內的同鄉人，而且是非職業的。不論是哪個層級的人員，和自己的直屬上司都有很親近的私人關係，因此會感激上司挑選了自己，而對直屬上司完全效忠。就算不知道上級的上級是誰也無所謂，甚至和朝廷也沒什麼關係，這是一支完全基於私人之間聯繫建立起來的軍隊。

綠營的積弱不振也和收入太低有關，因此，曾國藩很重視這一問題。不過，他每個月只支付一半工資，剩餘的一半先行扣除儲存起來，等軍人們休假回鄉之際或者退伍回家時才允許全額支領。過去的軍隊只要一打敗仗，大家就立刻逃之夭夭了，但湘軍不一樣，因為一旦逃跑，好不容易才攢下的一半工資就泡湯了，那麼做實在太可惜，所以大家都捨不得逃跑。另外，由於他們回鄉之際都帶著自豪和金錢，這就又吸引了許多年輕力壯的小夥子自願加入湘軍了。其實，軍隊裡根本沒有那麼多錢，只因不可能所有的人都同時回鄉，所以說是被先行扣除的存款，實際上只需要準備一小部分就足夠了。曾國藩這人實在很聰明。

水軍的重要性

另一項曾國藩大力投入的事業，是水軍的建設。

中國有「南船北馬」一說，說的是交通運輸的方法。中國的南半部由於河流多，所以多用船，而北半部多山野，因此多用馬。其實，軍隊也是一樣的，在南方，水軍就非常重要。

之前我們曾說到元末之際，朱元璋和陳友諒，雙方各自動員數百艘軍艦在鄱陽湖上展開爭奪霸權之戰。明末的李自成是北方的盜賊，只懂得陸軍那一套，但最後逃到南方時，也不得不掠奪民間的船隻組成船隊，一邊移動一邊作戰。不過終歸還是不習慣水戰，最後被打得落花流水。

太平天國軍隊在咸豐二年後半抵達長江後，即搶來許多民間的船隻，組織了水軍。綠營也有水軍，分為「外海水師」和「內江水師」。外海軍那就不用說了，內江軍實際上也是有等於沒有。太平軍完全控制了制江權，而官軍一點兒辦法也拿不出來。曾國藩看在眼裡，痛感建立強大水軍的必要性。

話雖然這麼說，但曾國藩本身對此一竅不通，於是他從廣東找來打造軍艦的專家和造船的技師，首先開辦造船廠。據說，到咸豐四年（一八五四年）年初時，就已經建造了大小軍艦三百六十艘，並裝備了共計四百七十門大砲。

這麼說聽起來好像很了不得，不過進度實在是過快了。曾國藩拿到預算四萬兩，在衡州開辦湘軍造船廠，是在咸豐三年十月。一個造船廠不夠，所以在湘潭又開辦了分工廠，那是在十二月。然後，翌年，咸豐四年一月下旬就建成了三百六十艘軍艦，威風凜凜地出動去討伐太平軍了——軍艦能那麼快就造得好？湘軍的軍艦，想必就是把釣魚船略加改裝罷了。

兩度自殺未遂

曾國藩在湘潭集結陸軍六千五百、水軍五千，加上軍屬等約一萬七千人的湘軍，在發布宣戰布告《討粵匪檄》後，出發去鎮壓太平天國軍，那是在咸豐四年二月。而湘軍攻入天京，消滅太平天國，卻是整整十年後的同治三年（一八六四年）。由此即可知，湘軍在討伐太平天國的這一過程中並不順利，最後的勝利實在來之不易。

特別是在初期，湘軍嚴重出師不利，曾國藩甚至兩度陷入自殺未遂的窘境。

一次是在出擊後的大約一個多月以後，地點是在臨近長沙北面的靖港，在這裡湘軍和太平軍第一次照面，湘軍慘遭大敗，所有的士兵都逃跑了。曾國藩雖然在高懸的軍旗上寫了「過旗者斬」（所有退到旗後的人都會被斬首），然後親自拔刀站立在旗下，但士兵們還是繞過軍旗一個接著一個逃走了。最後，曾國藩悄然一人靜靜地走開，幕僚們發覺他神情有異，尾隨身後，結果見到曾國藩隻身來到了銅官的河岸邊，四處張望了一下，就「撲通」地跳進河裡了，幕僚們見狀趕緊把他救上岸。

這個在銅官跳河的事件，曾國藩曾命令幕僚們絕對不能說出去。這件事是在曾國藩死後，當年救他的一個名叫章壽麟的人在文章裡將之公諸於世的，看來曾國藩本人可能還是覺得自己那麼做太難為情了。

作為敗軍之將回到長沙後，當地要求處分曾國藩、解散湘軍的輿論沸騰。曾國藩立下遺囑，命弟弟曾國葆買來棺材，正準備自殺，這時傳來了在湘潭攻打太平軍的湘軍打勝仗的消息，曾國藩因此就獲救了。

第二次是在同年年底，地點是在江西省九江，曾國藩坐在一艘軍艦上。湘軍艦隊被太平軍艦隊用計分散，曾國藩的本隊遭到包圍縱火，一艘接著一艘燒毀了，曾國藩雖然換乘了小船抵達岸邊的陣地，但眼見自己辛苦建立的船隊被燒毀，絕望之餘，又跳進了湖裡。這次也是很快就被人救起來，但接著，他又一人驅馬殺入敵陣去自殺。據說這種自殺法叫作「策馬赴敵」，在《春秋左氏傳》中有先例。在如此兵荒馬亂之際，還依照古典之法去尋死，真不愧是大學者的作為，令人肅然起敬。不過，遺憾的是，在幕僚們的極力勸阻之下，曾國藩最終還是未能躬行以實踐《左傳》。

這第二次的自殺未遂，有些戲劇性，因此，同情太平天國的歷史學家們嘲笑說那是「曾國藩的假自殺」。畢竟曾國藩是全力維護清王朝，並與正義的農民革命唱反調的人，因此，在今天的中國評價也不怎麼高。

曾國荃的如意算盤

如果要把太平天國與清朝方面（包括湘軍）十幾年打仗輸輸贏贏的過程寫下來的話，能寫成厚厚的一本書。比如《清史稿》的〈洪秀全傳〉就是一篇罕見的長篇列傳，其分量相當於一本書，其中詳細敘述了整個作戰過程。在這裡我們沒有那麼多篇幅，所以就直接跳到湘軍包圍天京的攻略，並展開大屠殺的那一段。

湘軍包圍天京是在同治三年一月。

此時，湘軍的總規模已經達到三十萬人左右，早已不再是過去曾國藩從鄉里選拔人才而集結成的「地區軍隊」了，來自其他省分的人也很多。不僅兵源擴大，這支軍隊也早已不是過去那個以年輕讀書人和剛正純樸的農村青年組成的軍隊，它已經和其他的中國軍隊一樣，轉變為由地痞流氓組成的軍隊了。

包圍天京的，是湘軍之中，由曾國藩的弟弟曾國荃所率領的部隊五萬人（當時曾國藩人在安慶）。

這個時候，過去太平天國統治的中國南方各大城市都已經相繼被湘軍，或者曾國藩的弟子李鴻章以湘軍為藍圖而組織的淮軍等收復了。天京已經完全淪為一座孤城。這孤城在曾國荃的包圍下，死守了長達半年的時間。

能守這麼久的原因之一，是南京城本來就是一座易守難攻、難攻不落的城市。

但是，更重要的是攻方這邊的問題。

經歷長期的戰爭，湘軍的士兵們已經很疲累了，再加上資金不足與災荒造成的糧食短缺，士兵們每天只能靠喝薄粥度日。這個時候又爆發了瘟疫，曾國藩的弟弟曾貞幹（原名國葆）也在這場瘟疫中喪生了。

不過，攻打天京一事延遲，更主要的原因是曾國荃想要一個人獨占大功，而拒絕了所有援軍的支援。

如果善意地去理解的話，故事是這樣的：湘軍原本就是曾家的軍隊，曾國藩的弟弟們也全都參軍。其中曾國華（國荃的哥哥）於咸豐八年（一八五八年）在三河鎮的敗戰中陣亡，現在最小的弟弟又在戰地得瘟疫死了，所以，想把攻陷南京的功勞保留給曾家，並把勝利的果實分享給十年間同甘共苦的湘軍將校和士兵們，不讓後來才加入作戰的淮軍奪走這一大功勞，這是曾國荃的心願。這樣的心情可以從他回覆他的兄長曾國藩勸他接受李鴻章支援的信件中窺知一二。

不過，曾國荃這個人，向來都是在占領一個大城市後給自己放一段長假，然後把掠奪來的金銀珠寶用船滿載回故里，購地置產對他而言是至高無上的樂趣。像這樣的一個人，面對南京這個江南最富庶的城市，以及洪秀全等太平天國王公貴族積累的美女財富，如果他一個人率軍攻打下這座城市，能繳獲的寶貝遠非過去能比——他肯定是打著這個如意算盤的。

洪秀全的末期

在這一期間，太平天國的首領洪秀全死了。

洪秀全死的時候，太平天國已經接近滅亡，處於混亂狀態之中，因此，他死亡前後的詳情，外界就不清楚了。曾國藩向朝廷報告說洪秀全是服毒自殺的，但李秀成的自供書則是這麼說的：宮中吃的東西沒了。臣下告知洪秀全後，洪秀全說「那就吃甜露吧！」甜露一詞可見於《舊約聖經》，據說是雜草的意思。臣下回答說「那東西不能吃」，但洪秀全說「我吃給你們看」，於是每天只吃雜草。他的身體日漸衰弱，過不久就死了。他死於同治三年四月二十七日（一八六四年六月一日），得年五十一歲。

順便提一句，讀太平天國的歷史（或者廣泛來說中國的近代史）書或年表，會發現書中的年月日經常不一樣。其實沒有必要在意。因為當時有各種曆法，就太平天國期間而言，當時中國除了有一般通用的曆（即清朝的曆），還有太平天國的曆（稱為「天曆」），以及現在我們使用的陽曆（西曆）。中國曆（即陰曆）與天曆相差十天左右，與西曆則相差一至二個月。洪秀全死的日子，是清同治三年四月二十七日，太平天國的天曆甲子十四年四月十九日，西曆一八六四年六月一日。學者們一般使用西曆，但也有用中國曆標記的年表，關於太平天國內部的情況，也有以天曆標記的，所以，說洪秀全的死期是四月十九日、四月二十七日或者六月一日，都沒有錯。

好，回到剛才說到的進攻。

六月，曾國荃接到了李鴻章「已派遣砲兵隊和步兵一萬四千人前往支援」的聯絡，他急忙召集了本營的所有將校，匆匆決定進行總攻擊。在城牆下挖地道放進炸藥，將炸藥點火的同時，開始了第一陣的突擊。結果，這第一陣的四百多人全部都被炸死了，可見行動決定得十分倉促。最後，六月十六日（西曆為七月十九日），天京的九個城門全部都被破壞，湘軍攻進城內。這一天被視為太平天國滅亡的日子。

天京掠奪

攻陷後的一個多月，整個天京充斥著無法無天的放火、殺人、強姦、掠奪。攻擊的一方為了攻擊而縱火，防守的一方則為了「不給敵人留下一粒糧食」，也不停地縱火。大火延燒了七天七夜，南京城完全變成了一座廢墟。據說，有七成是湘軍燒的，三成是太平軍燒的。

此時，南京城內有大約三萬人，其中太平軍一萬人，這一萬人中有三千多名士兵，其中的一千多人跟著李秀成逃跑了（李秀成不久後就被捕，在寫下自白書後被處死）。因此，還有二千多名士兵留在城裡，但實際上這些士兵大多都沒死，被殺死的是其他的人。

因為，隨著突擊的展開，湘軍的士兵們也開始進行掠奪。繳獲的物品太多了，一個人實在拿不動，於是湘軍士兵就和太平軍的敗兵商量，說只要他們幫忙把東西搬到城外的軍營，就可免他們一死。就這樣，太平軍士兵們同意幫忙搬運東西，然後就被釋放逃走了。聽到消息以後，留在城外軍營裡的士兵和軍屬、炊事等也都趕緊跑進城裡去進行掠奪，一時之間，從南京城內到軍營的路上，全是扛著堆積如山財物的湘軍士兵，和被僱來充當搬運工的太平軍士兵的隊伍。李秀成和他的部下們能那麼輕易地逃出來，也是基於那樣的狀況。

幕僚和文官們畢竟是知識分子，自尊心不能允許自己直接去進行掠奪，所以就花錢向士兵們購買。據說，連續好幾天，大家都在互相評比誇示自己的戰利品。

將校們呢？士兵們分別把搶來的東西放置在軍營內，從當中挑選出較好的東西送給自己的上級。上級再從中挑選一部分送給自己的上級，所以，據說最後所有最好的東西都集中到曾國荃的手裡了。

與掠奪同時進行的不用說就是強姦了。南京城內所到之處都屍橫遍地，可是全都是老人、四十歲以上女人，以及幼兒的屍體。四十歲以下女人的屍體一具也沒有。所有的女子都被捉去當士兵們洩慾的對象。被殺死的是那些竭力阻止女兒被帶走的父母，以及哭著不肯離開自己母親的孩子。另外，沒有壯年男子的屍體，則是因為與其殺了他們，還不如將他們當搬運工使用。

趙烈文的告發

這些情況能那麼詳細地流傳下來，是因為有位名叫趙烈文的人，把南京被攻陷時的狀況詳細地記錄在他的日記《能靜居日記》裡。這個人是曾國藩的心腹，當時作為監督被派到曾國荃麾下擔任幕僚。

趙烈文對湘軍如此無法無天的暴虐感到極端憤怒。原因之一當然是這個人是一個有正義感的好漢，另一則是無法忍受自己尊敬的曾國藩以及湘軍的名譽，就這麼完全掃地。趙烈文曾多次建議曾國荃禁止士兵們的掠奪、強姦和殺人，但曾國荃完全置之不理。於是，趙烈文決定把湘軍的暴虐行為記錄下來讓後世知道。說南京城的七成是被湘軍燒毀，也是趙烈文自己親眼從旁觀察得出的結論。

此時以掠奪出名的，是曾國荃麾下頭號軍人蕭孚泗將軍。此人在攻進南京城後，立即衝向天王府，把洪秀全積累的金銀財寶全都占為己有，然後放火把天王府燒了。趙烈文痛批他「喪盡天良，莫此為甚」，還說「這沒有良心的惡棍，倒要看看他以後是怎麼死的」。結果，蕭孚泗被朝廷認定為攻打南京功勞最大者，後來獲升任為福建陸軍提督，還被授予男爵，二十年後安穩地死在故鄉。其上司曾國荃則因功受封為伯爵，一直活到二十六年後，六十七歲的時候才死。曾國藩就更厲害了，受封為侯爵，活到八年後，即同治十一年（一八七二年），得年六十二。

太平天國十多年的戰爭，歸根究柢來說，就是新興宗教的教祖建立的共產主義國家，和為了與之對抗、大學者官員獨自組織的大軍閥之間的戰爭。

他們為何而戰？當然是為了權力。野心分子洪秀全想要竊據國土，顛覆體制，建立新王朝，而滿洲皇帝的「奴才」（或者「忠臣」）曾國藩，則為了保衛既存王朝的權益竭盡全力。說洪秀全是偉大的農民革命家云云本來就是滑稽至極的事，但把曾國藩奉為聖人，也是很荒唐愚蠢的行為。「救人民於塗炭之苦中」之類的詞句都可散見於雙方的文書和宣傳品上，但那些都只不過是歷史上許多權力者和盜賊用到已經變成陳腔濫調的空洞口頭禪了。

說哪一方是站在人民一邊的，都是騙人的。

五、最後的盜賊皇帝
——毛澤東

盜賊皇帝的農民革命

叫毛澤東盜賊皇帝，可能有人會以為我故意虛張聲勢，但，事實絕非如此。據我所知，在香港和美國等地就有許多中國人是這麼評價毛澤東的。

在中國本地呢？這麼想的人一定也不少，只是怕說出來會有危險，所以只能拐彎抹角地說。比如說把中華人民共和國稱作「封建法西斯中華帝國」，或把毛澤東稱作「秦始皇」等等。

說得比較明確的是一個名叫王希哲的人。他是廣州的青年知識分子，曾在文革期間和三名夥伴共同貼出一張超長的大字報——〈李一哲的大字報〉，而遭到逮捕。這張大字報表面上批判了「林彪體系」，實際上則批判了共產黨的體制。

王希哲於一九八〇年寫了一篇題為〈毛澤東與文化大革命〉的論文，在國內不能發表，於是送往香港，由香港的雜誌刊載[8]。王希哲為此被逮捕並坐了十五年的牢。

讓我引用其中的一段，讀者們看了以後就會明白，毛澤東是盜賊皇帝，這絕不是我個人標新立異隨便說出來的。

另外，王希哲在文章裡稱盜賊為「農民」，盜賊奪取天下為「農民革命」，那是中國獨特的說法。此外，由於王希哲信奉馬克思主義，因此這篇論文是以馬克思主義的觀點寫成的。

「必須注意的是，毛澤東在背後成功地指導的這場革命，不過是場農民革命。雖然是在共產黨的指導下進行的，就其內容而言，卻不出農民革命的範疇。

毛澤東推翻了地主政權，但推翻地主政權這件事，過去的農民也曾成功過。朱元璋成功了，李自成成功了，洪秀全也差一點兒就成功了。此外，井岡山之路也不是什麼偉大的發明，在大小五井的對面，我們應該可以認出水泊梁山寨的影子。毛澤東這個書生比那些教條主義者更厲害的是，與彼得堡的起義[9]之路相比，水泊梁山好漢聚義之路對他來說印象更為深刻。

如果我們把毛澤東當作一名農民領袖來看，就沒有不得不批評他的地方。毛澤東是中國歷史上最偉大的、空前絕後的農民領袖。他後來當上中國的皇帝，完全是農民領袖的階級必然性使然，一點兒也不必感到吃驚。

但是，如果我們把毛澤東當作一個馬克思主義者來看（他本人是這麼認為的），把他當成應該是無產階級政黨——共產黨的領袖來看，那就是另外一回事了。

一個無產階級領袖、一個馬克思主義者的功績，並不在於一個農民領袖也能做到的事他做了多少，而在於一個農民領袖做不到的事他做到了多少。

……如果是這樣的話，毛澤東是否做出了應有的貢獻？——沒有。一丁點兒也沒

8【編注】：王希哲此論文刊載於《七十年代》雜誌，該雜誌創辦人及主編為李怡先生。此文後再收錄於一九八一年香港七十年代雜誌社出版的《王希哲論文集》。作者於此書最後的「參考文獻」中有說明。

9【編注】：指「十二月黨人起義」，是一場於一八二五年十二月二十六日，在聖彼得堡的元老院廣場發生的，由俄國軍官率領士兵針對帝俄政府的起義。

有！

毛澤東去世的時候，他留給中國人民的，只有毀滅的經濟和恐怖的公安而已。」

王希哲說的話再重複一遍就是：過去的盜賊首領們，朱元璋、李自成、洪秀全，他們的目標就是奪取天下當皇帝。毛澤東其實也一樣。但當上皇帝以後的毛澤東盡做一些負面的事，正面的事一件也沒做。如果說是馬克思主義者的革命，那就應該留下一些正面的東西（在王希哲而言是往「經濟的繁榮」和「政治的民主」方向發展的功績）。那樣的功績一點兒也沒有留下來的革命，即使說是一場革命沒有錯，但那也絕對不是馬克思主義的革命，僅僅不過是和朱元璋、李自成等同樣的「農民革命」而已。

王希哲說的沒錯。

毛澤東的傳記十分有趣，他的人生的確是波瀾萬丈，但那是和歷史上眾多盜賊首領或開國皇帝的傳記大同小異的一部傳記：出生於王朝末年的一個英雄豪傑，組織自己的集團，或者侵占既有的集團為自己的私黨，以實力打倒國內的政敵，登上皇位，然後開始肅清開國的功臣們，最後破壞自己一手建立的私黨，把天下變成自己一家的天下。也就是說，毛澤東傳記之所以有趣，根本不在於什麼共產黨解放了人民、人民站起來了之類的胡說八道，而是在於和他比起來，朱元璋、李自成看起來也就不過像個小毛賊，在於這樣的一個大盜賊怎麼把中國搞得一塌糊塗，怎樣使普通的中國老百姓苦不堪言，痛不欲生。

在這裡我還想先順便提一句。二十世紀是世界許多地區都逐步進行了現代化社會建設，自由、人權還有民主等思想在無意識中，或多或少地不斷深入到人類腦子裡的時代。但只有中國這個地方，完全落後於那樣的歷史進程，整個社會還是和五百年以前、一千年以前沒有什麼不同，只要出現一個荒唐無道的暴徒，就能隨意把整個社會搞得天翻地覆，所以才會被毛澤東糟蹋得那麼厲害。

「造反有理」

讀者們看到上述的內容，如果就此以為毛澤東是一個粗暴野蠻沒教養的人，那就錯了。毛澤東這個人，在粗暴這一點上確實是非比尋常的粗暴，但他絕不是一個野蠻沒教養的人。甚至可以說，他是一個相當文雅而有教養的人。這一點是他和歷代的盜賊皇帝最關鍵的不同之處。

日本有「文武兩道」這一說法，但中國沒有。不但沒有那樣的說法，中國人根本就從來沒有想過要把「文」和「武」對等看待。對中國人而言，「文」是理想，而「武」則是應該被否定的，一種負面的東西。

「文」也有各種各樣，但最重要的就是做文章和寫詩的能力。那可不是簡單隨便學學就能行的。不會作詩文的人，就算再怎麼會繪畫，愛在竹林裡散步，也絕對不會被認可為傳統知識分子。

毛澤東是一個能作詩文的人。

二十世紀初期，中國開始出現除了傳統的學問以外，也學過西洋文化的知識分子，魯迅等就是其中的佼佼者。此外，還有一些受過西洋教育，被稱為「洋秀才」的人。讀馬克思、恩格斯著作，屬於西洋教育的一部分，但毛澤東完全沒有受過任何西洋教育。

如果以為毛澤東是馬克思主義者就一定讀過馬克思的書，那就大錯特錯了。他恐怕頂多只翻閱過中國人寫的「馬克思主義簡明手冊」之類的小冊子而已。《毛澤東選集》中也有一些引用了不少馬克思主義用語的學術論文，但那些都是毛的「洋秀才」祕書，例如其中比較有名的陳伯達等人寫的。僅僅因為毛澤東在會議上宣讀過，就被當作是毛澤東的著作收錄起來，那些文章和日本首相的施政方針演說是同樣的意思。

毛澤東曾經說過：「馬克思主義的道理千條萬緒，歸根到底，就是一句話：造反有理。」「造反有理」的意思就是「反抗或教訓地位高於自己的人是一件好事」，也就是鼓勵孩子忤逆父母，學生毆打老師，職工圍毆老闆。不過，那是以社會一般認為下對上必須絕對服從為前提的。

如此隨便的總結，馬克思要是地下有知可能要不服氣。但對毛澤東來說，這就是馬克思主義的真髓，也是毛澤東實際上實行的。但他絕對不允許自己的手下反對自己。那是理所當然的。

不過，要真是那麼簡單的話，就根本沒有找馬克思去借理論的必要，自古以來的中國盜賊都是那麼做的。

據說，史達林曾說毛澤東是一個「人造奶油馬克思主義者」。假裝自己是奶油，實際上根本不是奶油。說這話的史達林自己是不是奶油也不好說，不過，毛澤東恐怕連人造奶油也算不上吧！大概只能說是辣椒醬之類，不用說，這種醬搭配中國的饅頭要合適得多。

那人就近在眼前

所以說，毛澤東這個人完全沒有受過任何西洋教育，是一個純粹的傳統中國文人。

毛澤東最擅長做的一種詩叫作「詞」，和中文裡的「詩」不同，但廣義上來說都是詩。詞的規定比詩還要嚴格，非常難做。過去的日本人也模仿中國人做詩，但詞卻怎麼也學不來。「詩」和「詞」的日語發音相同，所以為了加以區別，日本的中國文學研究者在唸「詞」這個字的時候都習慣用中文發音。

毛澤東當然寫了很多詩，但他寫得更多的是詞，而且寫得非常好。不只是寫得好而已，還充滿了英雄氣概。不但豪邁，他的用詞遣字更是令人驚歎。

在這裡給大家介紹一首在他眾多作品當中最著名的詞，題為〈沁園春・雪〉，是他一九三六年在延安做的。

北國風光，千里冰封，萬里雪飄。
望長城內外，惟餘莽莽；大河上下，頓失滔滔。

山舞銀蛇，原馳蠟象，欲與天公試比高。
須晴日，看紅裝素裹，分外妖嬈。
江山如此多嬌，引無數英雄競折腰。
惜秦皇漢武，略輸文采；唐宗宋祖，稍遜風騷。
一代天驕，成吉思汗，只識彎弓射大雕。
俱往矣，數風流人物，還看今朝。

大意簡明扼要地說就是：中國的大自然很美。自古以來諸多英雄豪傑試圖將中國據為己有。成功達到這個目標的秦始皇、漢武帝、唐太宗、宋太祖，還有元朝的成吉思汗，全都非常勇猛，但他們卻缺少了文化教養。難道就不能有一個既有文化教養又能得天下的人嗎？你看，那個人就近在眼前啊！

他說的沒錯。中國歷史上的開國皇帝們，都是以實力奪得天下的，無疑都具備了超群的腕力、膽力、組織力、統帥力等等，但要和當代一流的文人比起來，他們沒有一個擁有可與之相提並論的文化教養。在別的國家，人們可能不在乎，可是在中國，缺乏文化教養是不能讓人滿意的。如今，具備了那些條件的人，正準備把美麗而充滿魅力的中國據為己有。

毛澤東具備文化條件的證據正是這首詞。被稱為「詞」的這種詩，每一個詞牌（以這首詞為例就是「沁園春」）的詞句配置規則、限制都不同，格式非常複雜，但毛澤東的這一作品不僅克服了上述難關，還以優美而華麗的古典用語去駕馭那些有可能是殺伐、傲慢的內容。有如此本事的開國皇帝，確實前所未見，絕無僅有。

但是，一九三六年寫這首詞時四十四歲的毛澤東，才剛剛結束二萬五千里逃亡之路，好不容易擁有一個小小的根據地。帶著一萬多名殘兵的他，僅僅是一個偏僻地方的小頭目而已。他準備怎麼得到天下呢？

毛澤東已經胸有成竹。

把毛澤東從江西的根據地趕出來，讓他不得不走上痛苦的逃亡之路的，是蔣介石的國民黨軍。要直接打贏他們怎麼看都是不可能的。

不過，就在這個時候，日本軍作為志在入主中原的第三勢力出現了。日本在關外建立了一個傀儡政權——「滿洲國」，進一步入侵中國的中心地區，只是時間的問題了。

這日本軍的武力比蔣介石的武力還要強大。

弱者和強者一對一對決，弱者很難勝出，但是，如果中間多出了一個強者，變成三角關係，只要好好利用形勢，最弱者也可能有勝出的機會。在這一方面，不懂馬克思主義卻熟悉中國權謀術數歷史的毛澤東，是不會重蹈不學無術的李自成的覆轍的。和日本打八年，和蔣介石打四年，前後加起來才不過十二年，毛澤東就把新國家的皇位拿到手了。

共產黨與國民黨

毛澤東是在二十世紀的中國政治舞台上奮戰，最終爬到頂峰的人。要說他這個人，就不得不大略說一下他所處的二十世紀中國的政治環境。然而，情況實在太複雜，太讓人眼花繚亂，說得太簡單的話會漏掉許多重要部分，但要毫無遺漏地說起來，又太過複雜，有些讀者可能會看得一頭霧水，搞不清楚誰是誰，所以到底要怎麼說，讓我感到萬分為難。最後，經過左思右想，我斷然決定走簡略路線。簡略路線就是將人名、組織名盡可能地減到最少，只說說大框架。

首先，先對準一九二七年這最初的一年。這一年，對中國而言、對中國共產黨而言、對毛澤東而言，都是一個巨大的轉捩點。這一年是中華民國十六年，日本的昭和二年，毛澤東三十五歲，距離他做〈沁園春・雪〉還有九年。

到一九二七年為止發生的事，我以極度簡略的路線敘述一下。

首先，說中國。

一九一一年的「辛亥革命」推翻了清王朝，翌年一九一二年一月一日，中國第一個共和國「中華民國」成立。這個一九一二年，是日本的明治四十五年，等於大正元年。長期以來一直在海外為中國革命奔走的孫文，就任為「大總統」。但孫文只當了大約二個月的大總統，就將寶座拱手讓人了。

取而代之成為大總統的是袁世凱。被趕下台的孫文接著對袁世凱發動革命，但很快就失敗，逃亡到日本了。

袁世凱是清朝的軍部大頭目，手下擁有被稱為北洋陸軍的西式強大軍隊，孫文被他打敗也是無可奈何的事。

袁世凱當上大總統後，雖然扳倒了清朝的皇帝，從大將軍變成大總統，但實質上沒有什麼顯著的變化。後來袁世凱終究還是不滿足於當「大總統」，決定即位為洪憲皇帝，但最後由於反對他的人太多，使他沒當幾天皇帝就鬱鬱而終。那年是一九一六年。

接著就是袁世凱手下們的時代。由於他的手下眾多，當中又沒有一個有足夠號召力的大人物，因此，四處開始出現軍閥割據的局面，如此相互扯後腿紛擾不休的狀態一直持續到一九二七年。

也就是說，日本的大正時代這整整十五年的期間，中國一直處於軍閥割據的時代。其間，中華民國政府在北京，稱為「北京政府」。有實力的軍閥不斷反覆爭奪政權，政府的領導人經常更換。

其次，說共產黨。

中國共產黨是在一九二一年成立的。在那四年以前，一九一七年俄國爆發革命，共產黨建立了蘇聯。當時的蘇聯志在將全世界變成共產黨的天下，因此向中國派遣特工人員成立了共產黨。

現在全世界的共產黨已經分崩離析，各自任意進行活動，但過去的共產黨可不一樣。當時，蘇聯的共產黨是總部，各國的共產黨為其支部。形式上該總部與蘇聯共產黨有區別，叫作「共產國際」（the Comintern），實質上是一個組織。中國共產黨是作為共產國際的中國支部而成立的。

接受蘇聯建議成立中國共產黨的，是北京大學的一些教授。因為在當時的中國，馬克思主義和共產主義都是西洋的新思想，對之進行研究，並能充分理解的，只有學術精英們而已。因此，成立之初的中國共產黨，是由北京大學的教授及其門生們，也就是當時中國最高級的知識分子所組成。共產黨將其組織的頭頭稱作「書記」。中國共產黨的首任書記是北大教授陳獨秀，陳獨秀的時代一直持續到一九二七年。

接著，說國民黨。

逃到日本的孫文後來又回到中國，一九一九年成立中國國民黨。那之後有一段時間，孫文在當時中國最南部的廣東省成立了一個小的政府，但那只是一個不久後就被軍閥趕出廣東的弱小政權。孫文和國民黨勢力的崛起，是在蘇聯伸出援手以後。一九二一年，蘇聯首先在夏天成立中國共產黨，然後在年底向孫文派出工作人員，建議孫文將國民黨改組為與蘇聯合作的革命政黨。孫文接受了提議。

說到中國國民黨和共產黨的關係，大家都知道兩者不共戴天，形同水火，沒有錯，不過那是後來的事了。原本兩個黨都是蘇聯培養起來的政治勢力，關係如同親兄弟一般。

一九二四年，國民黨召開第一次全國代表大會，藉這次機會，國民黨和共產黨合併了。但是，採取的方式並非將雙方同時解散，然後形成一個團結的政黨，而是保留共產黨的組織，讓共產黨員以個人名義加入國民黨。結果造成有些部門或地區名義上屬於國民黨，實際上卻在共產黨的控制之下，例如農業部就是一例。毛澤東當然也加入了國民黨，還當上候補中央執行委員、中央宣傳部代理部長，成為國民黨的高級幹部。

此外，國民黨還在蘇聯的建議下成立自己的軍隊，稱作「國民革命軍」。

孫文原本打算利用這支軍隊征討北方的軍閥，但還沒來得及付諸實現就死了。繼承他的蔣介石，於一九二六年出征「北伐」。國民黨總部當時設於中國南部的廣東省，因此才稱征服全國各地軍閥的行動為「北伐」。國民革命軍非常強大，北伐進展得十分順利。但從北伐展開的不久前開始，國民黨內對共產黨勢力太強表示反彈的聲浪愈來愈大，有鑑於此，蔣介石決定在北伐途中，趁著攻打上海之機，發動清除黨內的共產黨員。那年是一九二七年。

蔣介石在清除共產黨人以後，在南京成立了「國民政府」。翌年占領北京，完成北伐。整個中國除了共產黨控制的一小部分地區以外，都在國民黨的統治之下。

辣椒造英雄

最後，說毛澤東。

緊挨著湖南省會長沙的南面有一個城市叫作湘潭。毛澤東就是出身於湘潭郊外的一個農家。他出生的那一年是一八九三年，清光緒十九年，相當於日本的明治二十六年。

據說毛澤東的父親年輕時十分貧窮，卻是一個非常勤奮的農民，不停攢錢買田地耕作，讓長子毛澤東得以從小就受教育。毛澤東成長的年代，正是新式學校在各地一所接著一所開設的時期。毛澤東也很順利地接受了教育，在一九一八年，二十六歲的時候從湖南第一師範學校畢業。湖南第一師範是當時中國南方的最高學府。

要說毛澤東是一個怎樣的人，他身強體壯、頭腦聰明、意志堅強，而且，如同他一語道破馬克思主義的真髓是「造反有理」一樣，他是一個喜歡「亂」的人，無法忍受過和平安定的生活。他喜歡身處險境，使盡全力在其中奮鬥。雖然如此，他並非一個怪人。男人本來就愛冒險犯難，英雄豪傑、立志傳記中的人物皆是如此吧！毛澤東在這一方面的能量要遠遠高於常人。

湖南自古以來就被認為是個常出氣血旺盛知識分子的地方，獨力組織湘軍對抗太平天國的曾國藩就是一個典型的代表人物。有人說那是因為湖南人非常喜歡吃辣椒，總是全身上下像火在燃燒一樣。毛澤東當然也很喜歡吃辣椒，他不僅自己天天吃，還總是勸人吃，還跟人說，「不吃辣椒就當不了偉大的革命家」，弄得德國和蘇聯來的顧問都不敢說話。

毛澤東二十多歲的時候，正好是志在成為革命家的青年們紛紛到法國或德國留學的年代。朱德、周恩來、鄧小平等人都出國留學了。毛澤東組織了夥伴們去留學，但自己卻沒有去。據說他原本是打算去的，但一聽說巴黎、柏林等地沒有辣椒，就趕忙取消留學計畫了。

從學校畢業以後，毛澤東到了北京，進入北京大學圖書館工作。當時的館長李大釗教授，是中國共產黨的創始人之一。由於那樣的緣分，毛澤東在中國共產黨建黨時就入黨，成為該黨在湖南的大幹部。

建黨之初的共產黨，國內所有黨員加起來也不過只有五十人左右。湖南人參加過黨成立大會的也就只有兩個人。因此，毛成為大幹部是理所當然的。

在那以後到一九二七年的六年期間，毛澤東主要是作為共產黨的活動家（一九二四年以後同時作為國民黨的活動家）往返於湖南、上海和廣州之間進行活動，但總的來說，這六年是他人生中相當不如意的時期。那是因為，早期的共產黨是一個菁英政黨，基本上不做粗暴的事，被國民黨吸收後更是如此。據說，毛澤東在上海的組織部工作時「一秒鐘都沒有認真工作過」。因為覺得沒意思，他時常裝病休息返回家鄉。

他在廣州的國民黨宣傳部工作時，總是整天泡在麻將館裡。著名作家茅盾當時是毛澤東的宣傳部工作助理，同時也是他的牌友。據說，一次打牌時茅盾打錯牌相公，毛澤東竟生氣地把桌子掀了。粗暴的本性無處發揮，只能在麻將館洩憤，由此可見當時的他該有多麼百般無聊了。

共產黨員的人數急速增加，從最初的大約五十人左右，到一九二七年，已經達到了差不多六萬人。

以上介紹的是一九二七年那一年的情況。要點歸結起來就是：

國民革命軍的北伐順利地進行，蔣介石在南京成立國民政府。

國民黨和共產黨分裂。

毛澤東歎英雄無用武之地。

——簡單來說就是這樣的情況。

「槍桿子裡出政權」

被國民黨掃地出門的共產黨，在一九二七這一年做了戰略方針的大轉變，把建黨以來的書記陳獨秀趕下台，轉而展開武鬥路線，在軍隊以及農村地區掀起暴動。八月初共產黨中央發出文件，題為〈中央關於湘鄂粵贛四省農民秋收暴動大綱〉。不說「起義」也不說「起事」，而明明白白地說是「暴動」，這一點說起來十分可取。

毛澤東突然生龍活虎起來，就是在這個時候他在會議上說了一段有名的話：「要非常注意軍事，須知政權是由槍桿子中取得的。」也同樣是在這個時候，毛澤東提出了「上山」的主張，他說「上山才能奠定軍事勢力的基礎」。「上山」在中文裡有「建立山寨當盜賊」的涵義。這是從《水滸傳》的英雄好漢們加入水泊梁山盜賊行列的行為稱作「上梁山」而來的。

中國共產黨在這一年的八月首先在江西省的南昌發動了「南昌暴動」。這是軍隊的暴動。為什麼選擇南昌，那是因為在南昌駐屯的國民革命軍部隊當中，有很多是由共產黨員擔任將校的。他們認為如果以部隊為單位展開暴動，其他的部隊可能就會呼應。

但是事情的發展出乎意料，其他的部隊不僅沒有呼應，還出發前來鎮壓。暴動部隊只占領了南昌六天，就再也支撐不下去，不得不向南方逃亡了。逃出南昌後的暴動部隊，既沒有指揮系統也沒有目標，說是軍隊，還不如說是由殘兵變成的流寇。他們所到之處皆遭到國民黨軍的嚴厲打擊，人數由最初的二萬人逐漸減少到最後只剩下朱德率領的大約八百人了。八個月後的一九二八年四月，這些人逃到了由毛澤東占領的井岡山。

即便如此，那還是共產黨第一次擁有了自己的軍隊，因此南昌暴動之日——八月一日——後來被定為共產黨的建軍紀念日。

緊跟著軍隊的暴動，共產黨開始在各地展開「秋收暴動」。其中最著名的是毛澤東在湖南、江西交界處發動的「湖南秋收暴動」。秋收暴動雖說是農民暴動，但如果以為那和日本的農民暴動一樣，是一般農民拿著鋤頭和鏵犁去參加，那就錯了。

由毛澤東率領的，進行湖南秋收暴動的部隊被命名為「中國工農革命軍第一軍第一師」，總共有七千多人，分為第一團（連隊）到第四團等四個連隊。

作為主力的第一連隊是原來的武昌警衛連隊，想去參加南昌暴動卻沒來得及，而被毛澤東帶過來的。

第四連隊也是由一名叫邱國軒的將校率領的國民黨軍，當然全都是職業軍人。但是，不久後，第四連隊就背叛，並被第一連隊消滅了，因此在中國共產黨的史書裡，彷彿不曾存在過——總之，經常能在很多書裡看到「毛澤東部隊是由三個連隊組成」。

第二、第三連隊基本上由礦工、農民、工人等組成。

不過，這些「農民」其實就是盜賊流氓。中國那些正正經經老實耕作的普通農民，在秋收時期（即使不是收成時期）也不可能放著田裡的作物不管，而拿起槍去加入進行暴動的軍隊。

國共合作以後，國民黨在各地成立了名為「農民協會」的組織。管理這些組織的農民部，剛才也說過，裡面有很強的共產黨勢力。因此，各地的農民協會裡，共產黨的影響力也很大。

中國和日本的許多書上都寫說，以農民協會為主體的農民運動的力量支持了農民暴動。事實上真是如此嗎？

湖南的農民協會擴大規模是在北伐以後，會員人數達到五百萬人。當時全湖南省的人口只有二千萬人左右，因此，五百萬人等於包括了所有的成年男性農民。政府是國民黨，那是國民黨辦的農民組織，因此老實的農民大概全都加入了。

而且毛澤東自己曾經說過，農民協會的會員一家只登記一個人的名字，因此名目上是二百萬人，但實際上他們都有家人，所以加起來有一千萬人。

據說，農民協會的幹部，國民黨農民部派來的工作人員占三成左右，學生與小學教師占五成左右，其餘則是「地痞流氓」和共產黨員，地痞流氓就是那些遊手好閒的無賴。毛澤東把農民協會的幹部都稱作「痞子」，他還說，「就因為是痞子才好」。

因此，農民協會表面上是一個由數百萬農民組成的組織，但實際上參與運作的卻只有少數幹部。這些人包括了職業的活動家、地方的菁英，和農村的地痞流氓。

參加秋收暴動的「農民」就是這些人。

此外，「工人」也一樣。當時蘇聯派到中國的顧問，德國出身的革命家奧托・布勞恩（Otto Braun）曾驚訝不已地說，到了中國才知道，苦力、流浪漢和乞丐，全都是「工人」。而在馬克思主義的發源地德國，工人指的是確確實實地在大工廠裡勞動的現代化組織裡的勞動者。所以，布勞恩感到驚訝是正常的，因為當時的中國根本就沒有布勞恩腦子裡想像的那種工人。

回到剛才還沒說完的湖南秋收暴動。共產黨原本雄心勃勃地計劃奪取省會長沙，建立革命政權，但沒多久就被國民黨軍打敗。毛澤東帶著千名左右的殘兵逃上山，那座山就是著名的井岡山。

井岡山之路

井岡山其實並不是一座山的名字。而是在湖南、江西省交界處，屬於江西省一邊的長五十公里、寬九十公里的一片廣大山區。其中有大井、小井、上井、中井、下井等十幾個村落，居住在那兒的居民加起來不到二千人。前頭引用的王希哲文章裡說的「大小五井」指的就是這幾個村落。

除了居民以外，還有由袁文才、王佐兩個頭目帶領的一百多名山賊在此盤踞，以井岡山一帶為其勢力範圍。

毛澤東一進入井岡山地區，立刻就去向袁文才打招呼，表示想要合作。袁文才回答說，錢雖然不多，但可以給你們一些，請你們「找更高的山」去吧！這是自古以來盜賊的老規矩，以這種方式表示「拒絕」，被認為是一種仁義的表現。但毛澤東卻表示十分讚賞袁文才一直以來的「革命行動」，堅持要與他合作進行革命鬥爭，而強行待了下來。

那是在一九二七年十月發生的事。翌年，朱德率領了南昌暴動的殘兵到來，在湖南省平江進行叛亂被打敗的彭德懷部隊也逃到了這裡。井岡山一下子被共產黨占領了。袁文才和王佐在睡夢中遭人擊斃。

總的說來，這個時期是共產黨走背運的時期。四處掀起的暴動都以失敗收場，不單是毛澤東，逃進山裡和山賊土匪合作的共產黨員為數眾多。中國共產黨於一九二八年七月在莫斯科舉行第六屆大會時（因為在國內已經舉行不了），就如何處置山賊的問題進行討論的結果，決定採取殺掉頭目、吸收手下的方針。這一決議獲得了實行。

不過，關於井岡山袁文才等一案，最近中國似乎出現了反省的意思（雖然過了六十年才反省有點兒遲了），認為袁文才等人好不容易參加了革命隊伍，卻被人機械式地採納黨大會的決議而遭到殺害，實在值得同情，從而直接點名批判了當時實際下手的黨幹部潘心源和朱昌偕。

雖然話是那麼說，但毛澤東的手法和《水滸傳》的英雄好漢們占據水泊梁山的過程非常近似。《水滸傳》裡的水泊梁山，原來是由一個叫作王倫的小家子氣土匪占領，後來被官兵追殺的林沖和吳用等人成群結夥地逃到這裡，表示想要加入。王倫看對方的實力比自己強大，心裡害怕，就拿錢出來請對方到更大一點的山寨去謀求發展，拒絕了對方的要求。結果，林沖等人硬是賴著不走，最後殺了王倫，並把王倫的手下和根據地全部占為己有。

在革命後的中國，「井岡山之路」被認為是中國革命的正確道路，井岡山因而被奉為革命聖地，被當作中國革命的起點。共產黨人說，真正的中國革命，始於一九二七年井岡山的鬥爭。

說的確實沒有錯。中國革命就是在山間僻地建立根據地，培養軍事力量，逐漸擴大勢力範圍，然後進攻城市，最後在全國稱霸，以那樣的方式獲得成功的。

但是，從毛澤東走上井岡山之路的那一刻起，就可以確定，由他帶頭的這場革命注定要和馬克思所說的革命完全不是同一碼事。

馬克思說的那種革命，是發生在資本主義高度發達的國家，出現許多大企業，隨之誕生大量在企業裡工作的產業工人。革命就是把這些人組織起來，打倒資本家的政權，建立工人的政權。而發動革命的地點當然是大企業、大工廠集中的大城市了。

這與毛澤東的革命，徹頭徹尾地不同。

但是要在中國搞革命，就只能走毛澤東這條路。革命最後成功了，就證明了那條道路是正確的，這一點沒有任何反駁的餘地。

第一，如果要求符合資本主義高度發達，從而產生大量產業工人這一條件，那麼毛澤東就算等到死，也不會看到該條件成熟。

第二，如果那樣的條件成熟了，就沒有不得不發動革命的必要性，只要看看美國和西歐的例子就一目了然。

總之，馬克思說的那種革命在中國發生的機率，百分之二百不可能。因此，毛澤東認為中國必須進行自己那一套的革命，他那麼想是完全正確的。

毛澤東的「井岡山之路」，跟馬克思所說的革命完全是兩回事，反而和中國歷史上大盜賊們走的路完全一樣。中國人說那是「將馬克思主義的原理創造性地適用於中國的條件」，但事實上和馬克思主義一點兒關係也沒有。那也是理所當然的。因為要靠馬克思主義，中國的革命就百分之二百不可能成功。不過，毛澤東的手法根本談不上有什麼創造性，只是正如毛澤東自己說的那樣，他不過是想再進行一次「自陳勝吳廣到太平天國大小數百回那樣的農民革命戰爭」而已。

讓我們再回想一下王希哲的話。

「朱元璋成功了，李自成成功了，洪秀全也差一點兒就成功了。此外，井岡山之路也不是什麼偉大的發明，在大小五井的對面，我們應該可以認出水泊梁山寨的影子。毛澤東這個書生比那些教條主義者更傑出的是，與彼得堡的起義之路相比，水泊梁山好漢聚義之路對他來說印象更為深刻。」

就這樣，一九二七年秋天，毛澤東盤踞井岡山，開始邁上由盜賊走向帝王之路。

不允許流寇主義

到了井岡山以後，共產黨的軍隊主力由朱德和毛澤東指揮，被稱為「朱毛軍」。

朱德比毛澤東還大七歲，軍校畢業，是一個曾在德國和蘇聯留學，學軍事出身的職業軍人。

二人的關係，並不盡然是融洽的。因為，毛澤東是個獨斷專權型的人，而朱德則屬於溫厚謙遜型的人，二人個性完全不同。但更大的矛盾來自二人對於戰爭應該怎麼打，意見分歧。

毛澤東的做法是以自己為中心畫圓，而朱德是朝著目標直線進攻。這看起來好像和他們的性格相反，不過朱德的做法可能更接近現代戰爭的打法。

毛澤東心裡想的，是從中國歷史中得到的教訓。

朱元璋以南京為中心逐步擴大勢力範圍，這一方法最後獲得了成功。

李自成是流寇，他採取的方式是，在攻打下一個城市以後隨即將之放棄，再以全力進攻下一個更大的城市。這一招在勢頭強勁的時候非常厲害，不過一旦打敗仗，就很容易變得不堪一擊了。

鑑於歷史的教訓，毛澤東十分重視建立強大的根據地，以備一旦打敗仗可以回到根據地安頓軍隊重新出發。

毛澤東在一九二九年發表的演說中，批判了朱德的做法是「流寇主義」。他說：「紅軍中產生了流寇主義的政治思想。這種思想表現在：不願做艱苦工作建立根據地……只想用流動游擊的方法，去擴大政治影響……極大地妨礙著紅軍去執行正確的任務……應當認識，歷史上黃巢、李闖式的流寇主義，已為今日的環境所不許可。」

毛澤東於一九二八年年底走出井岡山，在江西省南部與福建省的交界地帶，建立了一個比井岡山更大的根據地，並在一九三一年於此地建立了一個以瑞金為首都的「中華蘇維埃共和國」，自己出任「主席」。「蘇維埃」在俄語裡是「會議」的意思，是由工人、農民、軍人代表組成的會議進行「專政」（獨裁）的國家，簡單的說就是由共產黨統治的國家。

這與過去的大盜賊首先確實占領一個地區，然後在那裡建國的做法十分相似，但也有不同之處。因為，不論是這個中華蘇維埃共和國也好，紅軍（共產黨的軍隊）也好，都隸屬於共產黨。而共產黨的指揮機構中央委員會卻在上海，由蘇聯回來的一群年輕人控制。

打個比方來說，毛澤東就是駐外地的一個工廠的廠長，在工廠裡是頭，但在東京有總公司，廠長不得不服從總公司的總經理和高層人員的指示。

毛澤東當然不甘於屈居人下了。所以，在這之後的幾年時間裡，毛澤東把自己的上司一個一個拉下台，迫他們順從自己，或者將他們放逐出權力核心。

這個中央委員會的成員接二連三不是被逮捕、被殺，要不然就是背叛，中央委員會於是在一九三三年遷到中華蘇維埃來。據說，第一次見到總公司頭頭們的毛澤東，看頭頭們竟然都是年輕人而大吃了一驚。當時作為共產黨一把手的博古（本名秦邦憲）只有二十七歲，二把手的洛甫（本名張聞天）三十四歲，三把手的王稼祥二十八歲，全是莫斯科大學畢業的秀才。年紀最大的周恩來也只有三十六歲。相較之下，毛澤東已經四十一歲，朱德已經四十八歲了。受這些小毛頭的指揮，不要說是毛澤東，恐怕任誰也會覺得不是滋味吧！不過，據說周恩來，這個善於鑽營，總是向強者搖尾巴示好的人，也是很能討那些莫斯科回來的年輕海歸學子們歡心的。

長征

蔣介石當然不能坐視自己的國家裡——雖說是在偏僻的山區——公然出現另外一個國家。他因此五度派人圍剿中華蘇維埃。共產黨抵擋住了前四次的圍剿，但在一九三四年的第五次圍剿後，黨中央和八萬大軍被迫朝著西面出逃，展開了「長征」。

有些書上把長征寫得像是一場從一開始就有明確計畫和目標的行軍，事實上根本不是那樣。如同李自成捨棄西安向南出逃一樣，那是沒有目標的逃命之旅。

李自成向南方逃亡，而紅軍則朝人煙稀少的西部地區逃亡。人煙稀少的地區，自然條件惡劣，糧食也十分短缺，但那同時也意味著不會出現敵人的大批部隊。

不過，喜歡根據地的毛澤東是反對放棄中華蘇維埃而逃跑的。但自從中央委員會移師到了這裡，他就被排除在決策圈外，連決定從根據地撤退的會議都沒有參加。

逃亡之旅展開不久後，一九三五年初在貴州的遵義舉行了會議。在這裡，毛澤東以造成如此慘狀的罪魁禍首是上級軍事領導的錯誤為由，把總書記博古拉下台。周恩來見風轉舵，轉而支持毛澤東。毛澤東能打倒博古，是因為周恩來在關鍵的時刻倒戈，這件事在今天的中國受到很高的評價（當然他們不說是背叛，而說是周恩來「支持毛澤東的正確路線」）。

周恩來到這個時候為止，一直擔任黨中央軍事委員會的主任，是毛澤東的直屬上司，但從這次會議以後，就成了毛澤東忠實的擁護者，以後四十年，到死為止都得到毛的重用。而且，眾所周知，他在文化大革命期間，在關鍵的時刻支持毛澤東，置劉少奇於死地。故此，周被稱為「不倒翁」。

今天的中國稱「偉大的遵義會議」，說毛澤東從這個時候起，就已經掌握了黨和軍的指揮權，其實並不盡然如此。因為，並非所有共產黨的最高層幹部都參加了「長征」。王明當時在莫斯科，張國燾在四川擁有自己的根據地。更何況再怎麼說，中國共產黨也只是共產國際的一個支部，莫斯科的總部還有一個老大史達林在呢！中國共產黨完全成為毛澤東的囊中之物，要到他打倒王明，打倒張國燾，一九三四年共產國際解散以後——還要再等十年。

參加「長征」的紅軍，並不是自始至終都一起共同行動的，有往別的路線前進的，也有從別的根據地出發在中途加入的，相當複雜。就毛澤東的主力軍而言，他們先是在中國的西部繞了一大圈，然後在一年後，也就是一九三五年年底，到達位於西北的陝西省的根據地，在那裡建立起以延安為中心的「解放區」。

對毛澤東來說，「長征」的旅途無疑是十分痛苦的，日復一日都是騎在馬上徐徐前進的無聊路途。毛澤東一生中做的大部分「詩」和「詞」都是在這個時期作的。據說，特別是必須遵照嚴格規定，像解填空字的謎一樣，把字一個一個填進去的「詞」，最好打發時間。自古以來有「三上」，即「馬上」、「枕上」（床上）、「廁上」（廁所裡）最能寫出詩來的說法，毛澤東身體力行了。

據說參加「長征」的女性只有三十人左右，其中一人是毛澤東的妻子賀子珍（也有作賀子貞）。

毛澤東有好幾個妻子，賀子珍是形式上的第三任，實質上是第二任。形式上，毛澤東在十五歲的時候曾和一位十九歲的女子成親，但從未一起生活過。那樣的情況在當時的人來說十分普遍，像魯迅、郭沫若等也是如此。

毛澤東實質上的第一任妻子，是年紀比他小八歲的楊開慧。她是毛澤東在湖南師範的恩師的女兒。生了三個男孩以後，於一九三〇年三十歲的時候遭國民黨逮捕並被處死。長子毛岸英一九五〇年二十九歲的時候死於朝鮮戰爭。據說毛岸英相當優秀，毛澤東對他的期望也很大，讓他去朝鮮參加戰爭，本來只是想讓他去學習學習，同時，主席把自己的兒子送到前線也有很大的宣傳效果（因為赴朝鮮戰場的中共軍隊基本上都叫作「志願軍」）。據說，當毛岸英戰死的消息傳回來時，毛澤東大發雷霆，責問為何要讓毛岸英去那麼危險的戰場。另外，據說他的次子毛岸青，身心狀態都很虛弱，三子毛岸龍的情況就不為人知了。

實質上的第二任妻子賀子珍，出身於井岡山附近城鎮永新的一個富商家庭。

一九二七年和毛澤東結婚時還只是個十九歲的學生。據說是個非常討人喜歡、活潑可愛的姑娘。她因為贊同新思想而參加共產黨的活動，和友人們一起支援在秋收暴動失敗後逃到此地的毛澤東，而和毛情投意合。據說他們在認識三天後就結婚了。

賀子珍在江青如日中天之時，一直被遮掩、低調處理，但江青下台後，就好像蹺蹺板的一邊下去，另一邊就上來一樣，她又重新受到了大家的關注，並被廣泛地予以介紹，不過，有些故事直讓人看了覺得難以置信。

比如有人說，有一次毛澤東和朱德被敵軍包圍，進退兩難之際，賀子珍單槍匹馬，手持兩把槍出現，把兩人救出來云云。

賀子珍從井岡山時代起，到中華蘇維埃，然後經過「長征」，到延安初期，都一直和毛澤東在一起。據說，在這期間她一共生了六個孩子，但身處戰亂，她沒有辦法帶著孩子同行，就在途中附上撫養費把孩子送人撫養了。據說十幾年後，共產黨奪得了天下以後派人去尋找過，但是一個都沒有找到。在她身邊被平安撫養長大的，只有到延安以後才出生的女兒一人而已。

一九三七年，上海的女演員江青來到延安，擄走了毛澤東的心。賀子珍因此被送進蘇聯的一家精神病院。十年後，被前往蘇聯的王稼祥「救出」，帶回中國，但受到江青的阻擾，無法接近毛澤東。她於一九八四年七十六歲的時候死去。她的女兒和她一起去了蘇聯，在精神病院中長大，回國後成為江青的女兒，名叫李敏（江青本姓李）。

日軍幫的忙？

毛澤東一生八十幾年間，無論哪個時期都是波瀾萬丈，故事這麼說下去沒完沒了，接下來我就簡單地說說吧！

日本於一九三〇年代初，在中國的東北，也就是關外之地，建立了一個完全在日本控制之下的「滿洲國」，此時相當於中國共產黨建立中華蘇維埃共和國的時期。

中國是一個古老而獨特的國家，其對國土和領域的概念與現代意義上的國家有很大的不同。在過去一直沒有一個明確的國境，說其內側就是「我國」，外側就是外國。自古以來，中央地帶就是貨真價實的中國，往周邊走，「中國」的色彩就愈來愈淡，到最後變得模模糊糊，到了朝鮮、蒙古、新疆、西藏、越南一帶，就變得好像是勢力範圍，又好像是外國，並沒有一個清楚的分界。

關外地區和中央地帶比起來，「中國」的色彩比較淡，因此，就算那裡被日本人占據了，身處中央地區的人們也會覺得好像很遙遠，似乎事不關己。但是一旦日本的勢力越過山海關進入關內，那感覺就不一樣了。

當然，對國民黨政府而言，東北也是神聖的領土，因此，被日本人占領了，不可能毫不在乎。但是，相比之下，剷除獅子身上的蟲子——共產黨——才是燃眉之急，因此，國民黨的方針是先擺平共產黨，然後再對付日本。

到了一九三〇年代後半，日本開始準備入侵關內，在此情勢之下，共產黨以輿論要求國共握手言和，以共同抗日為「首要大事」，逼國民黨就範。國民黨眼見事態已經發展至此，再堅持內戰優先的話，會失去國民的支持，於是就同意了。

共產黨的最終目標是取得中國的政權，因此希望日本和國民黨打得兩敗俱傷，它好漁翁得利。國民黨也知道共產黨包藏禍心，因此並沒有上當，但雙方都不得不向國民擺出一副全力抗日的姿態。

戰爭結束以後，國民黨和共產黨雙方都主張，「真正全力抗日的只有自己這一方，對方只是盡力保留了戰力而已」。總之，雙方都考慮到日後的內戰，而沒有出全力抗日。

作為結果來說，毛澤東一方確實比較會鑽營。

一九七〇年代以後，毛澤東對訪問中國的日本自民黨領袖說：「我們能贏，全仗著皇軍給幫的忙。」這當然是毛澤東第一流的玩笑話了，但不能否認，玩笑中也說出了他的真心話——要提醒大家注意的是，他說的「皇軍」，指的就是天皇的軍隊，也就是舊日本軍。

說到張國燾，他在共產黨內一直是毛澤東的對手，在一九三八年被驅逐出黨後加入國民黨。他曾說，毛澤東的方針是「七分發展，二分應付，一分抗日」。這是他倒戈到國民黨後說的話，所以也許在數目上有些誇大的成分，但可以肯定的是，共產黨並沒有盡全力抗日。

一九四五年日本無條件投降，從中國撤退以後，國民黨與共產黨的內戰又重新爆發。但情況和八年前已經大不相同，因為，這個時候的共產黨已經積蓄了足以和國民黨匹敵的實力了。

美國支持國民黨，史達林也認為應該讓國民黨政權存續下去，並讓共產黨有參政的機會。但兩黨協商破裂，雙方進行全面內戰的結果，共產黨取得勝利，於一九四九年建立中華人民共和國。

整肅知識分子

如果第二次世界大戰以後的中國，出現一個軟弱無能的政府，人們如一盤散沙自由發展，相信中國的狀態至少會比現在好得多。這一點，只要放眼全世界，看看那些在根本談不上大有為政府領導下的許多國家，這數十年來的發展就能一目了然。把戰爭剛結束時的中國和現在做比較，有人說多虧了共產黨國家才有了進步。但是，要跟過去那個時代相比，無論哪個國家都肯定是有進步的。在中國，毋寧說是共產黨阻礙了國家的進步。

正如王希哲所言，建國後的毛澤東，積極的貢獻一項也沒有。相反，他搞了一大堆破壞。其中最嚴重的莫過於一九五七年的「反右派鬥爭」、一九五八年起的「大躍進・人民公社」，以及一九六六年起的「無產階級文化大革命」。

「反右派鬥爭」，是對知識分子的肅清。雖說是肅清，但不是把人殺掉，而是將人送到強制收容所，或者降格為農民等等，也就是剝奪人們發揮能力的平台和機會，有人說受害者有三十萬人，也有說七十萬人左右，甚至有人說多達一百一十多萬人。

毛澤東自己就是知識分子，或者就因為他自己是知識分子，所以討厭知識分子。據說他認為有思想的人只要有他自己一個就夠了，其他人只要按照他的命令去執行就可以了。

確實，中國的知識分子自古以來就十分任性、高傲、意見多、不老實，是非常難對付的一群人。但要治理好一個國家，又不得不依靠這些人。因此，歷代的統治者都只能忍著心裡的不痛快，讓知識分子幫忙治國。不過，只要給戴頂高帽子哄著，就是對盜賊王朝也好，夷狄王朝也罷，他們都會竭盡忠誠為之服務，那就是中國的知識分子。

毛澤東對知識分子的肅清並非始於「反右派鬥爭」，而是一九四二年在延安時曾一度進行的「整風運動」。

對日抗戰開始後，純真善良的青年知識分子們，以為以延安為中心的共產黨統治地區，即所謂的「解放區」，是實現了人類理想的一個像烏托邦那樣的地方，所以不斷向「解放區」集結。

然而，他們實際到了那裡以後才發現，以黨幹部為統治者的階級制度已經牢牢地形成，幹部們吃香喝辣，一般黨員態度懶散，完全看不出任何抗日的鬥志，而一般老百姓們則被大批突然到來的共產黨員搶走糧食，看上去死氣沉沉、毫無生氣。年輕的知識分子們覺得不滿，開始四處聚集發牢騷，於是，一場針對他們而來的「整風運動」就展開了。據說有將近二萬人被殺或者自殺。被嚴厲整肅以殺雞儆猴的，是發表了質疑文章的年輕學者們。

指導這一運動的是毛澤東的《延安文藝座談會上的講話》（簡稱《文藝講話》）這篇演講。內容是要大家對共產黨不要有任何批判，而應該一味吹捧，但那樣的內容，居然一度在日本也被認為是指出了人類文學藝術的新方向，而受到極度讚揚。

現在看來，這場「整風運動」就像是場十五年後「反右派鬥爭」的預演。反右這次就是全國範圍了，只要看起來有可能對共產黨的所作所為有半句批評的知識分子，就會被槍口頂著狠狠地挨批鬥。

中國這個國家，雖然人口眾多，但構成國家「元氣」（根本的精氣、活力）的還是知識分子。剝奪知識分子的「元氣」，造成人心背離，使中華人民共和國本身的「元氣」

大傷，接下來國家就只能靠恐怖和惰性繼續統治下去了。中華人民共和國從此開始走下坡，因為，死的人固然並不多，但反右派鬥爭對國家活力造成的影響卻是最為巨大的。

「大躍進」和「人民公社」是同時進行的。

「大躍進」是讓好幾億人，以自己體力的極限，甚至超越極限，不顧一切地去工作，以使國家的經濟力量一舉提升起來的一場運動。以製鐵（現代化的製鐵所很少，所以完全是以土法煉鋼）和水壩的建設等水利工程為主要項目。他們的算盤是，一天做十天分的工作，那麼一年就能完成十年分的經濟增長。事實上，由於太急於求成，製造出來的鐵和建造的水壩基本上都不能用，而且還破壞了山林。因為煉鋼需要木頭當燃料而胡亂砍伐樹林，造成的負面影響更大。

「人民公社」則是和太平天國的《天朝田畝制度》一樣，是將天下的土地都收歸公有（黨有），然後把收成平均分配給每個人的共產主義。由於不能有任何不平等，每個家庭把自家的灶打壞，每個村搭一個食堂，所有的人都必須吃相同的東西。但是，農民們的土地被沒收後，成了共產黨的農奴，大部分的人就不努力好好幹活，效率就低落了。有人說，沒有想到實施人民公社制度的二十年期間，數億農民在沒有組織也沒有相互聯繫的情況下，竟然那麼一致地持續實行怠工。

「大躍進．人民公社」是毛澤東提出並強行推動的唯一具建設性的，在他本人看來是卓越超群的政策。但毫無疑問，他的政策徹徹底底地失敗了。三年期間，有數千萬人活活餓死。不過共產黨不允許人說「餓死」，而說是「非正常死亡」。日本到今天還有人說「共產黨至少做到了讓幾億老百姓衣食無憂」，說這話的人簡直是無知到了極點。

「大躍進」搞了三年就被取消，「人民公社」雖然進行了廢除食堂等些許修正，卻還是持續了二十年。「文化大革命」則持續了十年，直到毛澤東死後這場大騷亂才終於結束，但這場浩劫是為了什麼而發動的呢？它並沒有像「反右派鬥爭」或「大躍進．人民公社」那樣，能見到明確的意圖。有人說其目的是為了打倒劉少奇，確實有那樣的可能性，但如果僅僅為了這個目的，那麼這場動亂實在鬧得太大，毛澤東實在太胡搞了！

同樣的繼承人問題

和過去所有的開國皇帝一樣，自己死後要怎麼辦，這一問題，特別對晚年的毛澤東來說是一個最大的問題。

他原本似乎有意讓長子毛岸英繼承，但毛岸英卻於一九五〇年死在朝鮮戰場。他再也沒有其他有能力繼承的兒子。

最後，毛澤東於一九六九年決定，把位子傳給他長年忠實的部下林彪。他召開共產黨全國大會，修訂黨章（相當於黨的憲法），在總綱上規定「林彪為繼承人」。這相當於過去王朝的「立太子儀式」。但是，僅僅兩年後，林彪就在「林彪事件」中身亡了。

這個「林彪事件」至今仍有許多不明之處。

中國共產黨對外的公開說明稱，林彪意圖刺殺毛澤東的計畫失敗，在乘飛機欲逃往蘇聯的途中，於蒙古墜機身亡。

關於林彪的死，有各種說法。有人說他是在死後才被放上飛機的，還有說乘坐飛機的其實是一個和他一樣禿頭的冒牌貨，也有人說是周恩來出動戰鬥機將飛機擊落的，各種各樣的說法都有。

國外對此事發出的最強烈的質疑是「林彪為什麼要殺毛澤東？」很多人都認為「只要老老實實地等待就能確實繼承皇位的人，有必要冒那樣的險嗎？」

說的一點兒也沒錯。

但只要翻開中國的歷史就可以看到，皇太子並非老老實實地等待就能安穩登上皇位的。在還沒有立皇太子的時候，所有的人都規規矩矩地屏息以待，但從人選決定了的那一刻開始，那些想在未來謀得官位的人，想把皇太子拉下來取而代之的人，在皇太子對手身邊煽風點火的人，都一下子手忙腳亂地開始進行各種活動了。各種雜音也會開始傳進皇帝的耳朵裡。清朝的康熙皇帝是歷史上屈指可數的明君，但在立太子這件事上，他立了廢掉，廢了又立，然後再廢，最後乾脆就放棄了立太子這件事。結果從此以後的清朝皇帝為了避免糾紛，誰都不敢立太子了。

因此，如果林彪想在毛澤東還沒改變主意之前殺死毛澤東，那是完全有可能的。

我們不知道「林彪事件」的真相，但可以推測，宰相（國務院總理）周恩來可能扮演了關鍵性的角色。這也牽扯到當時的國際關係。周恩來正想要和美國（具體上就是尼克森和季辛吉）結盟的時候，林彪試圖從中阻撓，但發現毛澤東的意見傾向周恩來，充滿危機感的林彪於是決定發動政變，最後被周恩來占了先機，林彪被殺。我個人認為這個可能性最大。帶著尼克森的密令祕密訪問北京的季辛吉，與周恩來會面是在一九七一年七月初，林彪被殺是在九月中旬，而尼克森訪問中國受到熱烈歡迎是在翌年的二月。

「按既定方針辦」

遭林彪背叛的毛澤東，最後決定把繼承人的位子交給自己最信任的妻子——江青。林彪事件的震動過後，中國的新聞和雜誌上，開始大量出現評價武則天功績的文章。武則天是中國歷史上唯一一位女皇帝。與此同時，褒揚沒有登上皇位但實際上行使了皇權的漢朝呂太后（高祖之妻）和清朝慈禧太后（咸豐皇帝之妻）的文章也大量出現。在日本有人把這些看作是純粹的學術問題，但只要是中國人都能一眼看出，這是為江青繼承皇位所做的輿論工作。

江青和她的幕僚發動了「批林批孔」運動。表面上是批判林彪和孔子，但其實已經死去的林彪只是附帶而已，真正的目標是「孔子」。這位「孔子」當然不是二千五百年前就已經去世了的那位，而是「宰相孔子」——周恩來。一般認為，周恩來的構想很可能是把事實上的帝制在毛澤東這一代就結束，然後從鄧小平起開始實行共和制。

結果，一九七六年一月，周恩來先死了。毛澤東和江青以四月的「天安門事件」（又稱「四五運動」）為藉口，打倒鄧小平。鄧小平在廣東軍閥許世友的庇護下存活了下來。

毛澤東在周恩來死後起用華國鋒。華國鋒在當上宰相到毛澤東死去這段期間之中的某個時間點，從毛澤東那兒拿到了一張「你辦事，我放心」的親筆字條。據說，毛澤東的意思應該是把讓江青繼位這一可能會出現的諸多困難工作，託付給老實可靠的華國鋒去實行。

同年九月，毛澤東去世。遺言是「按既定方針辦」。但實際上毛澤東一死，江青一派的勢力就大大削弱了。

從毛澤東死亡的那個時間點來看，共產黨的勢力是以毛澤東夫婦為中心而運轉的三層同心圓。最核心的一層是親信團體，也就是宮廷派，相當於豐臣秀吉死後由石田三成等人組成的侍從集團。張春橋、王洪文、姚文元、毛遠新這四人是當中的主力。中間的一層是對毛澤東忠誠的黨幹部（以華國鋒為首）和軍人。最外面一層則是被毛澤東打倒而下台的官員們，雖然被打倒，但其勢力仍然健在。其中最重要的人物鄧小平，其威信遠在華國鋒之上。

「按既定方針辦」，也就是試圖推進江青繼承方針的是「宮廷派」。被打倒的官員們當然不可能贊成，但當時的情況還不容許他們集結力量發表意見。關鍵就在中間那一層官員、軍人集團的態度了。他們之中最有實力的李先念和葉劍英等人都傾向於否定，據說鄧小平等倒台者的背後推動，在這當中發揮了相當重要的作用。於是，華國鋒也只能選擇跟隨後者。

自那一刻起，女皇出現的可能性就沒有了。但一般都認為事態會以「宮廷派」和「官員派」建立聯合政權收場，沒有料到事情急轉直下，由於汪東興的背叛，江青和「宮廷派」都遭到了逮捕。

汪東興當了幾十年毛澤東忠實的警衛員。建國後，成為由大約二萬人組成的毛澤東親衛隊（被稱為「八三四一部隊」）的指揮官。這一部隊雖說是親衛隊，但實際上是一支裝備了戰車和大砲的正規軍隊，士兵們都是從農村嚴格挑選出來的身強體壯且誠實的年輕人。據說，他們休假回故鄉，把在地方見聞的實情直接向毛澤東報告，是他們附帶的一項任務。他們就相當於過去盜賊的養子部隊。

手握這支部隊的汪東興，原本屬於「宮廷派」，但他見大勢所趨，於是倒戈到華國鋒一邊，急襲並逮捕了江青及其手下。這一招完全出乎江青等人的意料。政變成功以後，汪東興因功而與葉劍英、鄧小平、李先念等人並列，榮升為共產黨中央委員會副主席。

華國鋒強辯說「按既定方針辦」的毛遺囑是江青偽造的，毛說「你辦事，我放心」的意思就是把黨主席的位子交給自己。他還試圖將毛澤東的權力和權威照搬到自己身上。毛澤東被稱為「偉大的領袖」，他就有樣學樣，讓人稱自己為「英明的領袖」，並和毛澤東一樣，讓全國各地掛滿自己的肖像。

但華國鋒最後還是被鄧小平等人拉下台。華國鋒的天下，只維持了一九七七、一九七八這兩年就結束了。從一九七九年起，就進入了鄧小平的時代——從此延續至今的「改革開放」時代開始了。

「帝國」的特質

國民黨和共產黨，有很長一段時間，都異口同聲地說自己是真正的「革命」，說對方是「反動」。中國人說的「反動」，只不過是「壞蛋」的意思。但如果真正要說哪一邊反動，那肯定是共產黨那邊。因為他們把正開始往共和國方向發展的中國，又開倒車變回「帝國」了。

我經常稱共產黨的中國為「開倒車帝國」。稱之為「帝國」，說的不僅是由把一切權力都一手抓的獨裁君主進行統治而已。

首先第一點，國民的自由徹底被剝奪掉了。自由，說的不是言論自由還是出版自由那麼高層次的自由。當然那些高級的自由是不會有的，我說的是更低層次的自由，比如說今天厭煩了這個城市想搬到別的城市去住，或者現在的工作不合適想找別的工作，說是「自由」都有些太誇張的那些屬於應該是理所當然的事都不能做。每個人都從屬於一個「單位」，每個單位都有共產黨組織，緊緊地控制著所有人的生活。

中國人本來就是一盤散沙，喜歡我行我素。只要讓畫畫好的人埋頭去畫畫，商人熱衷去賺錢，養豬的讓他只去想怎麼把豬養肥，天文學研究者讓他半夜跑起來看夜空，那麼，中國人令人驚異的能力，就必然能夠發揮出來。

日本人到中國去的時候，經常會聽到這樣的比喻，「十個中國人和十個日本人吵架的話，一對一比，肯定中國人比較強，但十人成一組再比，中國人畢竟還是比不過日本人」。口氣與其說是覺得可惜，不如說是看不慣日本人愛搞小集團。生活在嚴密的控制下，對中國人來說是件很難受、很痛苦的事。

在這一層意義上，中國人是天性愛好自由的民族。把那樣的中國人民的自由束縛住，不僅對每一個體來說是種不幸，國力因此無法伸展，對整個國家來說也是一種不幸。

而且，事實上，中國人在共產黨以前的時代，從未被如此徹底地完全剝奪自由。以前我曾對一個中國留日的學生說：「現在的中國是一個開倒車的國家。」沒想到他笑著說：「開倒車而且還開得更遠了。」他說的一點兒也沒錯。

另外一點，是把馬克思主義當成國家哲學強加於人，剝奪國民的思考能力。這跟過去從漢朝到清朝各個王朝都把儒學（或者儒教）當作國家哲學是一樣的，但其程度更加嚴重。

原本馬克思主義就完全不適合中國，這樣的意見，在文化大革命失敗以後，經常可以從中國的年輕人和海外的中國人口中聽到。但事實真的是那樣嗎？中國有接受「完全不適合」的東西的可能嗎？我個人以為，中國本身是有接受馬克思主義的特質的，那是因為出於對「經典」的需要。

「經典」是超越時間和地點，對這個世界上所有的事物，人類會遭遇的各種現象，都給予正確解釋，並給予指導方針的永恆不變的真理，那樣的書。

在中國實際上延續二千年以上，以《易》《書》《詩》《禮》《春秋》這「五經」為代表的儒家經典就是那樣的書。這些經典是由孔子直接親手整理的書（現代的研究已經知道有一些不是，但過去的中國人從來沒有懷疑過），孔子的嫡傳弟子們寫的正確傳達孔子思想的書（《論語》、《孟子》等），以及由這些書的注釋（《左傳》、《公羊傳》等）構成的書。無論任何新的事態或現象出現，人們都能從經典裡面得到正確的解釋和方針，經典就是那樣絕對萬能的書。十九世紀後半中國出現危機時，突然「公羊學」大為盛行，就是很好的例子。

二十世紀以後，有人高呼「打倒孔家店」，儒教喪失權威後，中國人的心中一片空白，填補這一空白的就是馬克思主義。總之，儒教被否定了，但從記載著真理的書籍當中尋找依據的這種習性，是無法在一夕之間就戒掉的。

中華人民共和國建國以後，馬克思主義的書籍被稱為「革命經典」。同樣也是經典。

馬克思主義和其他西方的學問不同之處在於，第一，它是全面的，即跨越了各種學問、各個方面，或者在應用上已見成效。第二，它是絕對正確的。這一點，其他的學問是無法取代儒教的。

也許有人會說，「原來的馬克思主義不是那樣的」，但其抗辯是無力的，因為中國人確實是把它當作那樣的東西來接受的。

只要看書籍的分類方法就能一目了然。

中國的書籍分類從二千年以前就有，但和西方式的分類方法不同，中國是將書籍分等級。從最正確的、最貴重的開始按順序往下排。

按傳統的分類法，排第一的是「經部」，包括以《易》為首的所有儒家經典。

按現代的分類法，排第一的是「馬克思列寧主義毛澤東思想」，包括以馬克思的著作為首的革命經典。這些都是不朽的大典，絲毫不容侵犯。

但過去人們對待儒家經典的態度與今天人們對待革命經典的態度是有很大不同的。

儒家的經典是允許自由解釋的，因此能夠禁得起二千多年的時代考驗。學者們有的時候可能會做出一些不合理的詮釋，但自己相信那是「聖人的本意」，結果柔軟的思想在某種程度上獲得自由發展。

革命經典則不允許一般人任意解釋。只有黨才有解釋權。而且解釋隨著黨的需要而變化。一般的學者是沒有通過自由解釋革命經典的方式進行思考的餘地的。

讀中國學者的論文，經常可見以革命經典的論斷為證據的內容。通常用的詞句是「正如馬克思所說」。這和過去的「聖人如是說」如出一轍，讓人深深感受到，積習真是太難改了。

共產黨利用了中國人的這一習性。但同時，中國人也有被利用的特質，這也是事實。當中國人的行動和思想都被緊緊地束縛時，完全不受束縛，甚至完全不受包括憲法和一切法律和規則的束縛，擁有完全自由的，只有皇帝一個人。

那樣的體制，我稱之為「帝國」。

後記

《中國的大盜賊》[10]的初版是在一九八九年十一月出版的。

在那之前的一兩年前，問我「願不願意為講談社現代新書系列寫一本書」的，是當時該出版社學藝圖書第一出版部長，鷲尾賢也先生。

我問「寫一本中國盜賊的歷史，而且是奪得天下的大盜賊的歷史怎麼樣？」他回答道：「好，就請寫寫試試。」然後還指定了字數，說要「四百字稿紙二百七十張」。

關於書名，我原來的提案是《中國盜賊傳》，如果不行就用第二案《中國的大盜賊》。鷲尾先生認為「書名全為漢字的話可能會給讀者一種硬邦邦的印象，還是有假名在中間比較好」，於是採用了第二案。[11]

10【編注】：本書日文版書名。

11【譯注】：日語的「的」字為平假名の。

對於當時作為一名地方大學教員的我而言，這實在是一個做夢都想不到的機會。我卯足幹勁，努力學習，花了一年的時間寫出來。我認為自己已經盡了最大的努力把篇幅縮短了——比如說在漢高祖之後，本來想寫黃巢，但考慮到字數，最後只好放棄了——但即便是那樣，算了一算，還是有四百二十張。

多出了一百五十張，但我覺得已經沒法再刪了，以為出版社那邊總有辦法能解決，結果發現自己的想法還是太天真了。「請把它刪到二百七十張」，鷲尾先生以嚴厲的口吻說。我只好接受刪減方針了。於是，我全面聽取了鷲尾先生的意見，請友人們大膽無情地幫我進行刪減，重新作成二百七十張草稿。那就是一九八九年出版的《中國的大盜賊》了。

原來的草稿和重新寫成的草稿（即後來的成書），不僅字數不同，性質也不一樣。初稿的內容，是以盜賊王朝中華人民共和國及其開國皇帝毛澤東為主題的。關於歷代盜賊王朝及其開國君主的記述，只不過是當作前史。因此，關於毛澤東的部分分量最多。

而後來的成書，則以關於歷史上的盜賊皇帝的記述為主，毛澤東的部分變成了補充說明，讓讀者「仔細看就會知道他也是個盜賊皇帝」——這是鷲尾先生的指示。

初版問世的那個年代，還有很多人相信社會主義的未來，從而支持社會主義的先進國家——「社會主義中國」。（日本國內）對任何否定中國的意見都帶著強烈的反彈情緒。因此，作為出版社來說，當然是希望盡可能縮小關於中國共產黨部分的篇幅，降低其比重了。

但是，對於筆者來說，要把好不容易才寫成的「毛澤東」部分完全放棄，把原來的主要部分降格為附加部分，說什麼都覺得實在是太難接受了，所以，最後我決定至少在初版的「後記」部分簡略把部分內容敘述一下。

從初版《中國的大盜賊》問世到今天這十六年多的日子裡，中國出現了天翻地覆的變化。政治上共產黨仍然維持獨裁體制（中國譯為「專政」，那是比較貼切），經濟上則轉為資本制（或者自由市場制）。結果，政策獲得了成功，經濟出現了大繁榮。終於，今天的日本大概已經不再有人支持「社會主義中國」了。現在有很多人喜歡中國，但我想他們喜歡的應該是實行自由經濟的中國吧！

按道理來說，如果社會主義制度破產的話，無產階級獨裁（事實上是共產黨獨裁）

的國家應該也會破產才對。像蘇聯解體、東歐諸國的社會主義制度崩潰一樣。

只有中國是個例外，作為執政黨的共產黨和社會主義經濟，並沒有血脈相連。並非一邊死了另一邊必然也會跟著死去的關係。就算社會主義經濟制度死亡，完全轉變為一個完全相反的制度，在那之上的國家也依然好像什麼事都沒發生過一樣。不只是那樣，共產黨還帶頭將經濟轉為資本制——應該不用我再提醒，共產黨原本是為了推翻資本主義，建設社會主義社會（然後再建立共產主義社會）而生，而獲得支持，而發展壯大的。

所以，這麼說來，中國的共產黨，只是空有「共產黨」之名而已，其本質根本不是共產黨。那麼說它究竟是什麼，其實它只是一個為了奪取權力建立自己王朝的集團，而且以傳統的方式成功地取得政權，建立了國家。

——補充一句，「國家」這一詞頻繁出現，我想先簡單地做些說明。

中國從二千多年前就開始用這一詞，直到今天，其涵義沒有什麼大不了的變化。但這和今天的日本人一般籠統地理解的「國家」是相當不同的。

中國說的「國家」，是指皇帝及其統治機構。中國在過去的一千多年之中，沒有所謂的貴族，也沒有固定的統治階級。只有皇帝一人是把所有權力一手掌握的至高無上的存在。

不過，皇帝一個人全權掌握國家權力，其實那只是在名義上、在表面上。除了開國君主以外，一般來說，皇帝一個人不可能熟悉並完全掌控所有政務，直接發號施令。實際上，政務一般都是由宰相或被稱為大學士（稱謂隨王朝而有不同）的幾個人乃至十人左右的高官進行集團領導（此一中央領導機構在明代以後稱為「內閣」）。它領導了由知識分子等組成的龐大而複雜的官僚機構。由皇帝和宰相、大學士等智囊，加上中央、地方的官僚所組成的統治機構就叫作「國家」，或者稱作「公家」。這是一個命運共同體。

在「國家」之下有官僚的後備軍，即士大夫（讀書人）階層，其下則為人口占絕對多數的庶民（一般民眾）。國家與庶民之間的距離雖然非常遙遠，中間的通路卻是開放的。庶民當中的優秀年輕人一直都有機會通過科舉成為國家的成員。例如曾國藩。

共產黨國家和過去的王朝國家不同之處在於皇帝（黨的總書記）不是世襲的，但實際上是集團領導，因此和過去其實差別不大。集團領導的核心，即相當於宰相、大學士等的都歸屬於黨中央委員會政治局常務委員會（中文的「總」相當於日文的「長」，譯自「general」。「書記」譯自「secretary」。「政治局」譯自「political bureau」。順便介紹一下，「主席」譯自「chairman」，日文譯為「議長」。中國共產黨中央委員會主席，所謂的「黨主席」，在第一代毛澤東、第二代華國鋒之後就不再設了）。

相較之下更大的不同是，黨和國家的雙重體制，也就是「黨領導國家」的這一形式（憲法規定）。官僚機構因此比過去更加複雜化。比如說，國務院（國家的行政機構）的外交部（日本譯為「外務省」）之上，設有黨中央委員會的對外聯絡部，負責領導外交部。地方各個城市的市政府（國家機構，相當於日本的市役所）之上，也設有黨委（中國共產黨××市委員會），負責領導市政府。

過去以蘇聯為首的世界各地的社會主義國家，雖然每個地方在形式上都是黨領導國家，不過那些國家都是西方式的國家。但中國的「國家」則仍舊保留了過去的「國家」的殘餘，即國家是騎在庶民頭上的一種存在，國家並不把庶民包括在內。在那樣的國家之上，則是相當於過去的國家的黨，作為領導機構，形成「黨與國家」體制，說起來相當複雜。

此外，在中華人民共和國下決斷地將黨和國家的路線（生存方法的根本）向市場經濟方向進行大轉換的，是皇帝鄧小平。這一轉換，違反了第一代君主毛澤東的素志和遺命。所以說起來，鄧小平相當於明帝國的第三代皇帝成祖永樂帝，違背開國皇帝的遺志而獲得成功，並使國家得以延續下去。現在還在持續並繁榮的「鄧小平的中國」，和毛澤東的中國是不同的王朝。如同永樂帝以後的明帝國，和太祖洪武帝（朱元璋）的明帝國是不同的王朝。但是，如果開國皇帝毛澤東最大的願望是自己建立的國家得以安泰地存續下去（他肯定是這麼想的），那麼，第三代皇帝鄧小平正是對開國皇帝而言最大的忠臣。

一九八九年出版的《中國的大盜賊》，有幸獲得讀者的青睞，在之後的十五年期間多次再版。到二〇〇四年已經出到了第十一版。

在此期間，我收到了許多素不相識的讀者來信說希望閱讀沒有成書的最初的四百二十張草稿。

那個時候，我已經辭去了大學的工作，在滋賀縣琵琶湖西岸租了一間公團住宅五樓的三居室，當作自己的「學習室」，在那兒過著讀書的生活。但是，我的書大部分都放在位於岡山的家裡，或者位於兵庫縣相生的家裡，我時常往返於三地之間。我記得我第一次收到不認識的讀者來信的時候，把放在一個大紙箱裡的《中國的大盜賊》草稿及其複印本，從岡山還是相生的家裡搬到了滋賀縣。

紙箱裡，最初到最終的幾階段草稿及其複印本都被凌亂地扔在裡邊，只有毛澤東的部分，那手寫的草稿一百六十張還保留完整的原樣。

我個人已經沒有力氣再去整理並重新恢復最初的草稿了，所以，每當我收到素不相識的讀者來信說「想看最初的草稿」時，我就會回覆說「如果不介意自己從箱子裡找的話」。那些告訴我「沒問題」的讀者，我就把整個箱子寄給他。每回我把箱子寄出去，最後箱子都會再被寄回來。

大約十年前，我的一個年輕朋友野尻昌宏讀了最初的原稿，問我說可不可以至少把毛澤東的那一章輸入電腦，讓更多感興趣的人傳閱。他說我什麼事情也不必做，也沒必要買電腦，我就答應他了。他把稿子拿去以後，下次再見到我時就告訴我「已經輸入電腦了」，所以，我想有一段時間，在網路上可能可以找到這篇稿子，但究竟有沒有人讀過，那就不知道了。

今年夏天，講談社現代新書出版部長上田哲之先生問我願不願意把《中國的大盜賊》

的「完全版」，也就是最初的草稿交付出版。為了慶祝現代新書創刊四十週年，出版社準備重新設計書封，並舉辦紀念活動。《中國的大盜賊》將配合該活動，重新出版。我心裡最明白自己的書不是那種能在紀念活動中吸引人的東西，但聽到該書的裝訂和內容能獲得重新出版，頓時覺得再也沒有什麼比這個更令人感到欣慰的，我隨即高興地應允了。

上田哲之先生和我是老朋友了。他最早我記得是在一九九一年的時候就來過我在滋賀縣的學習室。當時，上田先生還是雜誌《現代》的編輯。我想請遠來的客人吃些好吃的，就拿出朋友剛送給我的日式牛肉鍋，結果買了肉來在上面一烤，煙霧瀰漫了整個房間，上田先生說：「真沒想到會弄成這樣，不過沒辦法，我們還是吃了吧！」

為了出「完全版」，我把這十五年來從岡山、相生、大津、赤穗、姬路，經過多次搬家也沒有被處理或者丟失掉的那個紙箱，從衣櫥的最深處翻了出來，簡單看了一下，但這幾年來我的老年性憂鬱症傾向愈來愈嚴重，要我自己整理這些草稿，那就不知道何年何月才能完成，根本就不可能趕得上紀念活動了。所以我就把箱子直接寄給了上田先生。

上田先生清點並整理了箱子裡的草稿後，告訴我他已經盡可能恢復了初稿的原貌。正好是四百二十張。我也認為這差不多就是最初草稿的樣子了。後來經過多次改寫的稿子就是初版的《中國大盜賊》，有些地方在改寫的過程中敘述變得更易懂，所以在那些地方就採用初版的敘述。但那樣的情況並不多，基本上還是盡可能保持了原狀。

第五章毛澤東的部分完全沒有做任何更動，完全保留了最初的草稿的內容。所以說，這次的「完全版」當中，全新的內容就是這第五章。

最後，我要深深感謝讓舊稿重見天日的講談社及該出版社現代新書出版部的部長上田哲之先生。

另外，我還要向拿起這本書一讀的二十一世紀的新讀者們表示由衷的感謝。

高島俊男

二〇〇四年十月

跋

大約是在三年前，我第一次接觸到這本書。忍不住一口氣看完，只能用「驚豔」來形容我當時的感受。

我們都是學所謂的「正史」長大的。周圍所有的人幾乎毫無例外地對「正史」內容照單全收，深信不疑。即便是我在長大成人之後，有機會涉足歷史研究的領域，在學術殿堂裡，也很少聽聞對中國「正史」的「異議」。

《盜賊史觀下的中國》無疑是一種顛覆、一種挑戰。我想，對所有海峽兩岸接受過中國「正統觀」教育的人，一定跟我一樣會被本書中的一些，與其說是作者的觀點，不如說是書中陳述的「史實」的另一面，而在思想上受到衝擊。

作者高島俊男先生是一個專門研究中國歷史和文學的日本學者。有些人基於「民族情緒」，也許會質疑日本人研究中國史的能耐。不過我相信，只要看完這本書，平心靜氣地思考，讀者就會明白，正是由於沒有受過「正史教育」，沒有歷史包袱，作者才能以極為冷靜和客觀的態度來看問題。

高島先生用他一貫愛開玩笑的輕鬆口吻，把許多複雜的歷史事件，通過他用功數十載搜集來的史料做了精彩而深入淺出的解剖和描述。無論如何，作者為我們提供了一個非常獨特的看中國歷史的視點。

譯者　張佑如

二〇〇八年二月

參考文獻

通史

《中國農民起義領袖小傳》，一九七六年，人民出版社。《中國農民革命鬥爭史》，一九八三年，求實出版社。《中國農民戰爭史》，人民出版社。

序章

引用的克勞的書。關浩輔譯，《支那人氣質》（原題 *My Friends the Chinese*），一九四〇年，教材社。孫美瑤事件在當時十分轟動，魯迅也曾多次提及。

霍布斯邦的說法，可見於齋藤三郎譯，《匪賊的社會史》（原題 *Bandits*），一九七二年，Misuzu 出版社。

薩孟武的說法，引自《水滸傳與中國社會》。這本書有戰前版和戰後臺灣出的改訂版。我之前用的是戰前版的香港影印本，現在則以臺灣版為底本。岳麓書社於一九七八年出版的《水滸傳與中國社會》，比較容易找到。

第一章

「陳勝、漢高祖劉邦」的資料，只有《史記》、《漢書》及其注釋、研究。注釋方面，瀧川龜太郎的《史記會注考證》、王先謙的《漢書補注》寫得比較詳細。研究方面，清朝人的研究比較有用，例如顧炎武的《日知錄》、趙翼的《二十二史箚記》、《陔餘叢考》等。

第二章

「明太祖朱元璋」的基本資料來自《元史》和《明史》。其他的資料也很多。清初學者錢謙益的《國初群雄事略》（中華書局有出排印本）當中收集了許多現在找不到的資料，比較方便。現代的資料集則有一九八五年中華書局出版的《元代農民戰爭史料彙編》四冊。該資料集網羅了更多的資料。但是這兩本書裡的各種資料是分別依首領編年體分類編輯而成的，因此利用的時候要多注意。現代的研究則有吳晗的《明太祖》，一九四四年，重慶勝利出版社，及其改訂版，一九六五年，以及生活・讀書・新知三聯書店出版的《朱元璋傳》兩本都很著名，後者的資料注記尤為詳細，十分便於利用。此外，孫正容的《朱元璋系年要錄》，一九八三年，浙江人民出版社，為一本好得讓人愛不釋手的兼帶考證的年譜。

第三章

「李自成」的資料非常的多。但以著書形式出現的東西可信度很低，要特別注意。本文中引用的鄭廉的《豫變紀略》（浙江古籍出版社有出排印本）、李光壂的《守汴日誌》（中州古籍出版社有出排印本）等當事者或目擊者的證言，可信度比較高。但過去一直被當作基本資料的《明史》、計六奇的《明季北略》、吳偉業的《綏寇紀略》等，皆不足採信。研究李自成，最好先閱讀現代的文獻研究，再著手查閱資料會比較安全。現代的研究當中水準比較高的有以下三冊：王興亞《李自成起義史事研究》，一九八四年，中州古籍出版社。方福仁《李自成史事新證》，一九八五年，浙江古籍出版社。欒星《李岩之謎》，一九八六年，中州古籍出版社。

此外，《李自成殉難於湖北通山史證》（一九八七年，武漢大學出版社）當中收錄的姚雪垠〈李自成的歸宿問題〉是一篇關於李自成晚期的優秀論文。姚雪垠是小說《李自成》的作者，無論怎麼說，他是李自成研究的第一人。

附有詳細注釋的概史形式的研究書（例如袁良義的《明末農民戰爭》，一九八七年，中華書局），以及兼帶考證的年譜（例如柳義南的《李自成紀年附考》，一九八三年，中華書局）也出了不少，但使用的資料都不堪玩味，沒有太大價值。重點是，研究李自成一定要將文獻評論擺在最優先的位置。

第四章

「洪秀全」的相關資料也非常之多。主要的有：《中國近代史資料叢刊．太平天國》七冊，一九五二年，神州國光社。羅爾綱的《李秀成自述原稿注》，一九八二年，中華書局。概史方面有：茅家琦、方之光、童光華的《太平天國興亡史》，一九八〇年，上海人民出版社。田原的《洪秀全傳》，一九八二年，湖北人民出版社。年譜方面則有：郭廷以的《太平天國史事日誌》二冊，一九四六年，商務印書館，一九八六年上海書店影印本非常詳細。

現代的研究書數量很多（以一九八五年中華書局出版的王慶成的《太平天國的歷史和思想》為代表），但觀點都是千篇一律，沒有什麼具啟發性的內容。

關於湘軍，王闓運的《湘軍志》是基本（與郭振墉的《湘軍志平議》、朱德裳的《續湘軍志》一起，嶽麓書社有出排印本）。此外，我還參照了朱東安的《曾國藩傳》，一九八五年，四川人民出版社。黎庶昌的《湘軍史料叢刊・曾國藩年譜》，一九八六年，嶽麓書社。

第五章

「毛澤東・共產黨」的資料那更是多如繁星了。關於毛澤東的早年，蕭三的《毛澤東同志的青少年時代》（一九四九年，新華書店）、愛德加・史諾（Edgar Snow）的《紅星照耀中國》（*Red Star Over China*，有戰前版和戰後改訂版，二者的日文版皆由築摩書房翻譯出版。戰前版為宇佐美誠次郎譯，戰後版為松岡洋子譯）為基本，各傳記的記述大多出自這兩本書。

再怎麼說，最重要的資料還是《毛澤東選集》全四卷，一九六六年，人民出版社。

本書關於井岡山時期的部分主要參考了：井岡山革命博物館的《井岡山鬥爭大事介紹》，一九八五年，解放軍出版社。江西省檔案館的《井岡山革命根據地史料選編》，一九八六年，江西人民出版社。余伯流、夏道漢的《井岡山革命根據地研究》，一九八七年，江西人民出版社。以及，引自韓作的《毛澤東評傳》（一九八七年，香港東西文化事業公司）的龔楚《我與紅軍》等（韓作的書本身基本上是剽竊自司馬長風的《毛澤東評傳》）。

年譜

中共中央黨史研究室的《中共黨史大事年表》，一九八七年，人民出版社。《中國近現代史大事記》，一九八二年，知識出版社。這兩本編得很好。本文中引用的奧托·布勞恩的話，引自奧托·布勞恩著，戶鞏吉譯，《大長征的內幕》一九七七年，恒文社。此外，王希哲的文章則刊載於《七十年代》雜誌，收錄於一九八一年香港七十年代雜誌社出版的《王希哲論文集》。

另眼看歷史 Another History 20

盜賊史觀下的中國

從劉邦、朱元璋到毛澤東的盜賊皇帝史（日文版二十週年紀念・全新修訂中文版）

中国の大盗賊

作　　者　高島俊男（たかしま としお）
譯　　者　張佑如
責任編輯　許奕辰（初版）、李銳俊（二版）
校　　對　魏秋綢
排　　版　宸遠彩藝

副總編輯　邱建智
行銷總監　蔡慧華
出　　版　八旗文化／遠足文化事業股份有限公司
發　　行　遠足文化事業股份有限公司（讀書共和國出版集團）
地　　址　231新北市新店區民權路108-2號9樓
電　　話　02-22181417
傳　　真　02-22188057
客服專線　0800-221029
信　　箱　gusa0601@gmail.com
Facebook　facebook.com/gusapublishing
B l o g　gusapublishing.blogspot.com
法律顧問　華洋法律事務所／蘇文生律師

封面設計　薛偉成
印　　刷　成陽印刷股份有限公司
定　　價　420元
初版一刷　2017年5月
二版一刷　2024年8月
二版三刷　2025年5月
I S B N　978-626-7234-99-0（紙本）、978-626-7234-97-6（PDF）、978-626-7234-98-3（EPUB）

國家圖書館出版品預行編目(CIP)資料

盜賊史觀下的中國：從劉邦、朱元璋到毛澤東的盜賊皇帝史/高島俊男著；張佑如譯. -- 二版. -- 新北市：八旗文化, 遠足文化事業股份有限公司, 2024.08
320面；14.8×21公分. --（另眼看歷史 Another History；20）
譯自：中国の大盗賊
ISBN 978-626-7234-99-0(平裝)

1.CST: 中國史　2.CST: 通俗史話

610.4　　113008537
